AF204012

www.tredition.de

Ursula Keskin

Meine gestohlenen Jahre

Mein Weg aus einer destruktiven,
zerstörerischen Beziehung

www.tredition.de

Verlag und Druck:
tredition GmbH, Halenreie 40-44, 22359 Hamburg

ISBN
Paperback: 978-3-347-42605-4
Hardcover: 978-3-347-42606-1
e-Book: 978-3-347-42607-8

Meine gestohlenen Jahre

Mein Weg aus einer destruktiven, zerstörerischen
Beziehung

Ich erzähle Ihnen heute meine Geschichte. Meinen Weg, der mich zwanzig lange Jahre meines Lebens gekostet hat. Es war ein sehr steiniger und schwieriger Weg und heute, mehr als 10 Jahre nach meinem Ausstieg aus zwei massiv destruktiven Beziehung kann ich sagen: Vieles war Illusion. Viele meiner damaligen Überzeugungen waren nicht wahr, die wirkliche Wahrheit sah gänzlich anders aus, als ich sie in diesen Beziehungen wahrgenommen habe.

Und weil vieles Illusion war, habe ich mich dazu entschieden, dieses Buch zu schreiben um vielen anderen Menschen zu zeigen, dass es sehr wohl möglich ist, auch einem Psychopathen sozusagen zu entrinnen. Und wenn die Situation noch so entmutigend und verfahren ist, es ist möglich.

Dieses Buch, dass gleichzeitig einen Ratgeber darstellen soll, richtet sich an Menschen, die ebenso in solch einer destruktiven Beziehung verstrickt und gefangen sind, die aber schon längst spüren, dass hier etwas gewaltig nicht stimmt, aber mit einer großen Angst, Hilf- und Ratlosigkeit der Situation gegenüber stehen.

Dieses Buch soll sie sozusagen an der Hand nehmen, es soll sie stärken, Ihnen Mut und Zuversicht schenken. Es soll Ihnen zeigen, dass sie nicht alleine sind, dass sie nicht an sich selber zweifeln sollen, es soll ihnen zu verstehen geben, dass nicht nur sie in solch einer schwer aushaltbaren Beziehung stecken. Dass es solche Allianzen schon immer gegeben hat und wahrscheinlich noch geben wird. Sie sollen Mut und Zuversicht erhalten, um sich Schritt für Schritt aus dieser fatalen Verstrickung zu lösen.

Es richtet sich aber ebenso an jeden anderen Menschen, denn dieser überdimensional großen Destruktivität stehen wir derzeit als gesamte Menschheit gegenüber. Mehr und mehr wurde mir in dieser aktuellen Zeit bewusst, wie viele erschreckend übereinstimmende Parallelen es von meiner damaligen Beziehung zur heutigen Menschenwelt bestehen. Ich erkenne immer mehr, dass ich es nicht nur damals mit einer destruktiven Kraft zu tun hatte, sondern dass die gesamte Menschheit von heute dieser destruktiven Kraft gegenüber steht.

Wir befinden uns in einer immens großen Zeitenwende. Das alte System fängt an zu wackeln, wie ein zu groß gebauter Turm aus Holzklötzchen. An allen Ecken und Enden ächzt und kracht es. Es ist sehr mühevoll, anstrengend und auslaugend zurzeit die Nachrichten zu verfolgen, egal ob Mainstreammedien oder Alternativmedien. In fast jeder Schlagzeile spiegeln sich die psychopathischen Handlungsweisen der Obrigkeit wider. Es ist klar zu spüren, dass es längst nicht mehr um das Wohl des Menschen geht, sofern dies überhaupt jemals der Fall war.

Die Zeitqualität ändert sich immens, man erkennt kaum sein altes Leben wieder und weiß gar nicht, was hier bloß geschehen ist, dass Stück für Stück unser gewohntes Leben demontiert und durch absolut unmenschliche und destruktive Regeln ersetzt wird. Und genau dieses Schauspiel, das sich gerade vor unser aller Augen abspielt, hat mich in genau dieser Zeit dazu bewegt mein Geschichte aufzuschreiben. Weil ich beinahe 1:1 bei den heute stattfindenden Szenarien an meine Vergangenheit mit einem Psychopathen erinnert werde. Die gleichen Handlungsweisen, die gleiche Zielsetzung, die gleiche Manipulation, die gleiche zerstörerische Kraft, die damals mein Leben dominierten.

Ich meine, dass das System im Grunde nie anders gehandelt hat, dass niemals das Wohl und Wehe der Menschheit die sogenannte Obrigkeit interessierte. Es sind nur deren eigene Ziele und sie handeln nur für Ihre eigenen Zwecke und sonst gar nichts. Und wir sind die Masse, die an der Quelle angeschlossen ist, und ohne die ihr gesamtes Wirken nicht möglich wäre. Wir als Masse dienen dieser Obrigkeit als Muttertier, als Amme, an unserer Brust laben sie sich, von unseren Energien leben und zehren sie.

Und so wie uns derzeit und in der Vergangenheit im großen Stile eine immens destruktive Kraft versucht zu lenken und zu dirigieren, so kann es auch im Kleinen in einer Beziehung mit einem destruktiven Partner passieren. Im Großen wie im Kleinen. Ich habe diese Zusammenhänge natürlich erst viele, viele Jahre später verstehen können, aber diese schrecklichen Jahre in meinem Leben, diese Erfahrungen, die ich dort machen musste, waren nichts anderes als ein Pendant zur heutigen Lebenssituation in dieser Welt.

Man muss nur alles genauer betrachten, sich damit befassen, die einzelnen Puzzleteile aufgedeckt auf den Tisch legen. Und dann beginnt so nach und nach das große Verstehen. Etwas Allumfassendes, fast gänzlich alles, die Menschenwelt Betreffende, läuft auf dieser Welt absolut schief. Mein einziger Gewinn, wenn man das so nennen kann, ist, dass ich diese Struktur, die ich sozusagen im Kleinen in meiner Beziehung erlebte, in meinem späteren Leben im Großen auch auf dieser Welt beobachten konnte und somit auch verstehen konnte. Und was man verstehen kann und vor allem durchschauen kann bringt einem dazu den Vorhang wegzuziehen und hinter die Kulissen zu blicken.

Diese Strukturen ticken nach ganz eigenen Maßstäben, nach ureigenen Konzepten. Von Werten möchte ich hier nicht sprechen, da sie diese schlicht und ergreifend nicht besitzen. Später dazu mehr in diesem Buch.

Ich versuche in meiner Geschichte chronologisch voranzuge-
hen und flechte in die jeweiligen Situationen immer wieder Erklärungen und Bemerkungen ein, um für den Leser ein schlüssi-
ges Gesamtbild darzustellen. Das heißt ich werde mit meiner
ersten Beziehung beginnen zu erzählen, die mich in die Fänge
eines Psychopathen getrieben hat. Danach schlitterte ich fast
nahtlos in die Beziehung mit einem egomanischen Narzissten,
vom Gewalttäter zum Gefühlstäter. Im Grunde unterscheiden
Sie sich nicht wirklich, aber jeder arbeitet auf seine ganze eigene,
perfide Weise. Diese erlebten Situationen sollen dem Leser Bei-
spiele sein, er soll sich in seiner Beziehung stellenweise wieder-
erkennen. Das „gute" an psychopathischen Strukturen ist, dass
sie fast alle gleich ticken. Ihre Handlungen gleichen sich oft in
unglaublicher Art und Weise. Manchmal werden sogar die gleichen Wortlaute verwendet. Und hier soll der vielleicht betroffene aufmerksame Leser einen sogenannten Aha-Effekt erleben. Er
soll sich sozusagen in meinen beschriebenen Geschichten wie-
derfinden.

Zu komplex ist die Struktur eines psychopathischen und destruktiven Partners. Zu verworren und zum Teil auch verschleiert. Diese Beziehungen beginnen mit einem einzigen, ersten
Puzzleteil, es ist ein fatales Spiel, mit keinem guten Ende und am
Ende steht man vor einem unendlich großen zusammengefügten
Puzzle und sieht zum ersten Mal klar und deutlich, womit man
es hier zu tun hatte. Es ist schier unmöglich, sich in den Anfängen die Ausmaße auch nur annähernd vorzustellen, die solch
eine Beziehung mit der Zeit annimmt.

Ich selber brauchte viele Jahre nach diesen Beziehungen (ich
schlitterte sozusagen von einem Unheil in das nächste) um nach
und nach meine Geschichte mit diesen Menschen aufzudröseln.
Lange Zeit nach Beendigung dieser Beziehungen läuft man noch
schuldgeplagt durch die Welt, zu tief sitzen die Instruktionen
und Infiltrationen dieser psychopathischen Menschen. Die Auf-

arbeitung will professionell angegangen werden und man muss sich dafür viel Zeit geben. Wenn irgendwann die wirkliche Ablösung und Abnabelung dieser Beziehung geschieht, dann erreicht man endlich die Objektivität und Distanz auf das Geschehene mit klarem Blick zu schauen.

Anfangs hat man leider nur das besagte einzige Puzzleteil, mit dem man schlicht und einfach noch nichts anfangen kann. Es ist ein Puzzleteil, das einen verwirrt und manchmal regelrecht verstört. Wer in seinem Leben noch keiner psychopathischen Struktur begegnet ist und über längere Zeit auch erlebt hat, weiß nicht, auf welch zerstörerisches Spiel man sich hier eingelassen hat. Man kann sich einfach nicht vorstellen, mit welcher Art Mensch man es hier zu tun hat. Alles bisher Erlebte und Erfahrene kann man getrost vergessen, es wird einem hier nichts bringen.

Man steht vor einer komplett neuen Erfahrung, die man sich im Nachhinein besser erspart hätte. Man lernt dieses Verhaltensmuster in keiner Schule, man lernt es nicht im Elternhaus, man lernt es nicht in seinem Freundeskreis. Es sei denn, wie gesagt, man wächst schon als Kind mit einem Elternteil auf, der psychopathisch strukturiert ist. Dann kennt man diesen Typus sehr wohl und wird seine Dämonen Zeit seines Lebens nur schwer los. Nachdem aber solche Menschen nach außen oft sehr angepasst, kultiviert und klug sind, fallen sie auf den ersten Blick nur schwer auf.

Über die Zeit und die Jahre fügte sich ein Puzzleteil an das andere und nach und nach ergab sich ein Gesamtbild, wo man die zerstörerische Kraft und Destruktivität mit einem Mal ganz klar vor sich sehen konnte. Und da dieses Procedere eben sehr viele Jahre beansprucht, sind das Jahre, die nicht spurlos an einem vorbeiziehen.

Wie fing alles an?

Meine Geschichte mit meinem Psychopathen

Eigentlich sehr harmlos. Wir begegneten uns in einem Club und mir imponierte, dass er ein sehr zurückhaltender und ruhiger Mensch war. Er zeichnete sich in mancherlei Hinsicht von den anderen ab, die oft laut und machohaft unterwegs waren. Ruhig und elegant saß er mit seinem Freund im Club und war keineswegs ein Aufreißertyp. Nicht er, sondern sogar ich sprach ihn an, er hob sich einfach von der Masse ab und das machte mich neugierig. Er konnte sich gut und gewählt unterhalten und er erweckte mehr und mehr mein Interesse. Auf den ersten Blick ein wohlerzogener, gebildeter und netter junger Mann. Wir verbrachten einen schönen Abend und verabredeten uns für das kommende Wochenende.

Schon beim nächsten Treffen passierte Folgendes: Wir trafen uns mit der Clique im Club, ein paar Freunde von mir, ein paar Freunde von ihm, und irgendwie ergab es sich so, dass ich für einige Zeit nicht direkt neben ihm saß, wir waren in großer Runde, wir waren am Lachen und Plaudern, so saß ich eben einige Zeit neben einem anderen Typen.

Ganz ohne schlechte Gedanken. Ich merkte es nicht gleich, aber auf einmal war er weg. Ohne Verabschiedung ohne auch nur irgendein Wort zu sagen. Ich sah ihn den ganzen Abend nicht mehr und verstand nicht, was hier geschehen war. Wollten wir uns gerade kennenlernen, oder nicht? Hatte ich etwas Falsches gesagt oder getan? Was war hier passiert? Völlig irritiert stand ich der Situation gegenüber. Ich dachte nur bei mir, dass ich mich wohl in ihm getäuscht hätte, er war ja doch nicht viel anders, als die anderen.

Später am Abend, als ich mich auf dem Heimweg machte, und vor die Türe des Clubs trat, stand er plötzlich vor mir, es waren mittlerweile Stunden vergangen, er erklärte mir mit viel Wehklagen und teilweise anklagenden Worten wie sehr ihm es wehtat und verletzte, mich bei einem anderen Mann sitzen zu sehen, er die Situation nicht aushielt und er gehen musste. Was war das? Ich kannte diesen Mann gar nicht, wir wollten nichts voneinander und ich nahm ihn auch gar nicht wirklich wahr.

Ich verstand ihn überhaupt nicht, worüber er jetzt gekränkt war, da ich ja nichts Schlimmes gemacht hatte, auf der anderen Seite fand ich das damals süß, wie er so eine Kleinigkeit bierernst nahm, wie schwer er doch wohl in mich verliebt war. Ich fühlte mich auch geehrt, bis dahin war es so ziemlich jedem Menschen im Club egal, bei wem ich, wie lange saß und nun war so eine Kleinigkeit plötzlich einem Menschen wichtig, ja, das hatte was, ich war plötzlich jemandem in so kurzer Zeit so wichtig geworden, und er harrte anscheinend stundenlang alleine in der Nacht vor dem Club aus, nur um mich nochmal zu sprechen, ja, das hatte was... die Wahrheit aber sah natürlich gänzlich anders aus.

Also es zeigten sich bereits in den ersten Tagen unseres Zusammenseins untrüglich die Hinweise, auf welche Art Mensch ich mich hier eingelassen hatte.

Sehr sachte und vorsichtig werden die ersten Fäden gezogen, unmerklich für einen unbedarften sozusagen unschuldigen, nichtsahnenden Menschen. Selbst in einer eigentlich gesunden Beziehung hat man in den ersten Monaten eine rosarote Brille auf, die einiges verschleiert und vieles besser darstellt, als es die Wirklichkeit hergibt. In einer destruktiven Beziehung funktioniert diese Brille ebenso, sodass untrügliche Hinweise, merkwürdige Szenen, schräge Aktionen und dgl. schlicht ignoriert oder auch kleingeredet werden. Das einzige was bleibt, ist ein komisches Gefühl in der Magengegend, aber auch dies wird durch die Verliebtheit schnell zerstreut.

Ein weiteres Indiz war, dass er schon nach kurzer Zeit, wo wir zusammen waren, ohne mich nichts mehr machen wollte, praktisch jede freie Minute bei mir auf der Matte stand.

Nachdem ich natürlich ebenso Hals über Kopf verliebt war, störte es mich nicht. Ich fühlte mich geschmeichelt, niemals hatte ein Mensch zuvor, soviel und so starkes Interesse an mir gehabt.

Aber ebenso sehr früh bekamen seine Handlungen einen „kranken" Charakter. Natürlich alles im Rückblick betrachtend. Zur damaligen Zeit war ich der glücklichste Mensch, zumindest in den Anfängen, da es ja so von mir auch „gewollt" war.

Die erste Attacke ließ nicht lange auf sich warten…

Es mögen vielleicht einige Wochen vergangen sein, da waren wir bei ihm zuhause und wir alberten herum und mit einem Male, ich wusste nicht, wie mir geschah, wurde er handgreiflich, aus dem Herumtollen wurde plötzlich bitterer Ernst und er schlug wie von Sinnen wild auf mich ein.

Mir tat alles weh, absolut schockiert und konsterniert lag ich da und ich wusste nicht, wie mir geschehen war. Auch er war über seinen Wutanfall etwas erstaunt. Wie oft sagte er mir in den ersten Wochen, er könne mir nie wehtun, und auch ein anderer dürfe dies nie tun. Der würde ihn richtig kennenlernen. Und nun passierte so etwas?

Er stammelte verlegen ein paar entschuldigende Worte und nach kurzer Zeit verzieh ich ihm. Da war bestimmt etwas entgleist. Er hatte bestimmt etwas falsch verstanden, denn ich wollte ihm ja nichts Böses, und er war bestimmt sehr sensibel und bekam nur etwas in den falschen Hals.

Ich versuchte die Szene so schnell wie möglich wieder zu vergessen. Ich brachte es auch in meinem Kopf nicht zusammen! Wie kann ein liebender Mensch aus dem Nichts heraus plötzlich den Partner körperlich attackieren. Mir fehlte jegliche Begründung dafür.

Dies war der Einstieg.

Hier hätte wohl jede erwachsene, selbstsichere Persönlichkeit seine Sachen gepackt und hätte die Beziehung beendet. Wie konnte es sein, dass man in der Anfangsphase, wo man schrecklich verliebt war, den Partner schlägt? Nichts konnte diesen Ausrutscher rechtfertigen. Rein gar nichts.

Aber wer war ich? Ich war ein Kind. Ich war gerade einmal 16 Jahre alt geworden. Ich war unerfahren, ich war unsicher, und....ich war schwer verliebt. Sofort versucht man vor sich selber Rechtfertigungen zu finden und wenn man sucht, hat man auch schnell eine ‚gute' Erklärung parat.

Auf der einen Seite war ich aber auch geschockt, weil es eine gänzliche neue Situation in meinem Leben war. Mein letzte Ohrfeige erhielt ich wahrscheinlich als Kind, wo ich zu Hause nicht parierte, war wohl auch nicht in Ordnung, aber meistens wusste man, wofür.

Aber hier und jetzt war ich für den Moment komplett überfordert. Darf so etwas jemand tun, gibt es tatsächlich Gründe, wo einem Mann die Hand ausrutschen darf?

Nein, es gab und gibt niemals nie einen Grund, Gewalt anzuwenden, weder physischer noch psychischer Natur. So legte ich mir aber in meiner Naivität passende Gründe zurecht und unsere Beziehung pflanzte sich fort.

Das Verwirrende an einer Beziehung mit einer psychopathischen Struktur ist, dass ständig im krassen Ausmaße beide Pole bedient werden.

Auf der einen Seite gab es unendliche Nähe, ein Verschmelzen von zwei Personen zu einer Person, da war wer, dem du ALLES bedeutetest, er war immer da, er wollte alles von dir wissen, er wollte alles mit dir gemeinsam machen, er wollte jeden deiner Gedanken wissen, er schwor dir ewige Treue, er verbrachte jede einzelne Minute mir dir, es gab uns einzeln nicht mehr. Jede Unternehmung, alles was dein Leben bisher ausmachte, wich einer neuen Form.

Eine Form, die er über dich stülpte. Komplett neue Maßstäbe fingen plötzlich an, mein Leben zu dominieren. Von jetzt an galt mein altes Leben nicht mehr. Von jetzt an gab es nur noch ein scheinbar gemeinsames Leben, scheinbar aus dem Grund, da es in Wahrheit SEIN Leben war. Aber zu gut verpackt waren die Dinge, die er von nun an von einem forderte.

Es gab kein Laufen auf der Straße ohne Händchenhalten oder eng umschlungen, kein Einschlafen ohne den anderen. Es gab sogar Situationen, wenn ich sozusagen unabsichtlich alleine einschlief, dass er darüber schwer beleidigt war und ich mich lange und breit erklären musste, wie das nur geschehen konnte. Und all das verwechselt man fatalerweise mit inniger Liebe.

In solchen Situationen bist du im siebten Himmel, du hast das Gefühl, noch nie in deinem Leben jemanden so wichtig gewesen zu sein, nicht einmal die eigene Mutter konnte so ein Hochgefühl in dir auslösen. Wie ging es weiter?

Es dauerte nicht lange und es gab wieder irgendeinen Grund auf mich einzuschlagen, meist, wenn ich nicht das sagte, was er von mir hören wollte. Oder nicht tat, was er wollte, obwohl er genau diese Wünsche oft gar nicht äußerte, ich sollte sozusagen, seine Gedanken erraten können. Ich sollte immer wissen, wie es ihm gerade ging und sollte fähig sein, seine Gedanken zu lesen. Und wehe dies gelang mir nicht.

Nach dieser nächsten physischen Attacke fingen wirklich meine Zweifel an, warum tat er das, wenn wir uns doch so sehr liebten? Warum hatte er sich nicht unter Kontrolle? Was sollte ich von all dem nur halten? Warum musste er immer wieder körperlich übergriffig werden. Ich versuchte in Gesprächen heraus zu finden, was ihn dazu trieb, mich körperlich zu attackieren. Hier war er noch sehr verlegen, wir standen noch am Anfang, vielleicht konnte er es sich selber auch tatsächlich nicht erklären. Natürlich musste er mir versprechen, dass so ein Ausrutscher nicht mehr passieren durfte. Ich wollte nicht gleich aufgeben, die Verliebtheit und meine rosarote Brille ließen mich in der Beziehung bleiben. Ich schwor mir, dass niemand von diesen Vorfällen erfahren durfte. Es war alles wahnsinnig peinlich, warum ein kluger Mensch, der auf einer höheren Schule war, die Eltern mit guten Berufen, sich derart benahm.

In den Gesprächen, die ihm ebenso unangenehm waren, kristallisierte sich immer eine Anklage seinerseits heraus:

Ich wäre schuld an seinen Ausrastern.

In den allerfrühesten Anfängen gab es tatsächlich noch Entschuldigungen, auch wenn sie halbseiden waren, schon nach der vielleicht 4. Attacke, hieß es immer, wenn du nur das nicht gesagt oder getan hättest, und wenn du nur so nicht geschaut hättest... Immer war ICH es, die schuld an den Attacken war. Und das Schlimme war, zum größten Teil glaubte ich es auch.

Ich begann damit, mich schwer zu kontrollieren, immer auf der Hut sein, nie das Falsche zu sagen oder zu tun. Immer auf seinen Gesichtsausdruck zu achten, denn der verriet mir dann immer, wenn die Ampeln auf Rot standen. Letztendlich ging es immer nur um ihn. Alles drehte sich zu hundert Prozent nur um ihn. Mein gesamtes Leben war ausgefüllt mit seinen Befindlichkeiten, Wünschen und allen Dingen, die ein Leben ausmachen.

An jedem Tag jedes einzelnen, normalen Menschen müssen zig Entscheidungen jeglicher Art getroffen werden, zum größten Teil banale und manchmal welche mit größerer Tragweite.

Egal, wirklich komplett egal, um welche Entscheidung es ging, er traf sie gänzlich alleine, meine sämtlichen Entscheidungen traf er ebenso mit. Man kann es sich nicht ausmalen, wie solche Tage für einen betroffenen Menschen ablaufen.

Einem selber wird nur ein ganz minimaler und begrenzter Handlungsspielraum zugestanden, den Rest übernimmt er. Und er findet das komplett selbstverständlich, jedes andere Paar, das das nicht so handhabt, ist ja auch kein besonderes Paar. Wir waren ja etwas Besonderes. Ja, das waren wir wohl, aber leider nicht im positiven Sinne.

Wie oft betonte er, was andere Paare für ein schlechtes Zusammenleben führen würden. Das sei keine Liebe. Vor allem wenn die Frauen anderer Paare eigenständig Dinge unternahmen. Es war für ihn ein Ding der Unmöglichkeit, das eine Frau z.B. alleine shoppen gehen sollte. Hier würde seines Erachtens in der Beziehung einiges nicht stimmen.

Neben seinen körperlichen Attacken kamen gleichzeitig noch die psychischen hinzu. Ständig drohte er mir mit irgendwas. Es war mir nicht erlaubt und möglich, mich jederzeit und ohne Probleme mit einer Freundin zu treffen. Der wichtigste Punkt war: die Freundin musste auf jeden Fall die Richtige sein. Menschen, die er aus irgendeinem Grund nicht leiden konnte, verbannte er aus meinem Leben.

Und wenn es dann doch mal die richtige Freundin war, dann war meistens nur ein gemeinsamer Besuch möglich oder der Besuch war zeitlich limitiert. Mit der Uhr im Blick, fanden dann diese Begegnungen statt. Wenn ich nun vorhatte, diese Regelungen zu umgehen, dann kamen die besagten psychischen Attacken und Drohungen hinzu. Ich sollte es nur wagen, mich mit einer verbotenen Person zu treffen bzw. die abgemachte Uhrzeit aus den Augen verlieren.

Das gleiche Spiel gab es bei allen Freizeitaktivitäten, die ein junger Mensch unternehmen möchte. Ein spontaner Friseurbesuch, spontaner Klamottenkauf, irgendeine ungeplante Spontanaktion, es war unmöglich. Da gab es zerrissene Kleidung meiner neu gekauften Ware, da gab es Streichungen anderer Freiheiten, da gab es zerstörte neue Ware, die man sich eben leistete. Seiner Findigkeit waren keine Grenzen gesetzt. Es amüsierte ihn, sich immer etwas Neues für mich an Strafen einfallen zu lassen.

Die Grenzen wurden ganz eng gesetzt. Nichts sollte ohne seine Zustimmung geschehen. In jedem meiner gesetzten Schritte war ich seinem Wohlwollen unterworfen. In der ersten Zeit verkaufte er diese Regelungen natürlich nur mit gutgemeinten Gründen, die mich vor diesem und jenem schützen sollte. Wir waren ja kein normales Paar, so wie die unfähigen anderen, wir handelten ganz anders.

Vor allem handelten „wir" so, wie ER es wollte. Und hier war wieder meine Zerrissenheit, was war Wahrheit und was war falsch an diesem Verhalten? Wenn dir in jeder Minute weiß gemacht wird, dass alles nur zu unserem Besten so geschehen würde, dann fängst du es irgendwann an zu glauben. Stück für Stück. Die Netze werden vorsichtig ausgespannt in der bewährten Salamischeibentaktik. Du sollst nicht merken, dass du längst im Spinnennetz hängst, und Faden um Faden um dich gelegt wird.

Und jeder einzelne Faden zieht dich enger und enger in dieses Netzwerk hinein. Auf der einen Seite kann es sich tatsächlich wohlgeborgen und sicher anfühlen, aber das ist natürlich ein Trugschluss. Denn ein Psychopath ist niemals darauf bedacht, jemand anderes etwas Gutes zu tun, und wenn, dann nur, weil er sich davon was verspricht und er einen Nutzen davon hat.

Ihm fehlt jegliches Gefühl, ob Mitgefühl, Empathie, Liebe, es ist einfach nicht vorhanden. Als fühlender Mensch kann man sich das gar nicht vorstellen, verzweifelt versucht man oft, eine empathische Reaktion hervorzulocken, aber stets scheitert man hier. Diese Menschen wissen in so Fällen nicht, was du von ihnen willst. Sie verstehen es einfach nicht. Wie kann etwas erspürt werden, was nicht vorhanden ist. Und es ist schier unglaublich, wie diese Menschen in emotional außergewöhnlichen Situationen ticken. Es geht alles spurlos an ihnen vorüber. Sie verstehen keine Tränen der Traurigkeit, maximal weint ein Psychopath, wenn er sich aus diesem Verhalten etwas verspricht, niemals wegen seiner eigenen Traurigkeit oder weil ihn eine Geschichte emotional berührt.

Verdutzt starren sie denjenigen an, wenn ein fühlender Mensch weint, weil er von einer traurigen Geschichte berührt ist. Sie können es einfach nicht verstehen. Im Grunde sind sie komplett leer und hohl in ihrem Inneren, ihre Gefühlswelt, sofern sie einmal da war, liegt komplett abgekapselt im hintersten letzten Winkel. Sie können nicht auf sie zugreifen, und auch ein Außenstehender kann diese verschlossene Box nicht öffnen.

Ein alleiniges Weggehen meinerseits war natürlich kein Thema. Klassentreffen? Ohne Partner? Fehlanzeige.

Er verpackte es gut: ‚schau, ich geh auch nicht auf meine Klassentreffen, dann brauchst auch du auf deine nicht gehen...schau, ich treffe auch keine anderen Freunde, so brauchst auch du keine anderen Freunde treffen. Wir brauchen doch nur uns'. Letztendlich ging es ja nur um seine Kontrolle über mich und nichts anderes.

Dann gab es noch eine dritte Art der Bestrafung: Schweigen. Absolutes, beharrliches, stundenlanges Schweigen. Strafe pur. Du weißt nicht, was du getan hast, du erhältst keine Antworten. Du moderst in deinem Saft und bist fast am Durchdrehen. Du kannst tun und machen, was du willst, du wirst mit Schweigen bestraft. Oft durchbrach er das Schweigen mit einer körperlichen Attacke, da ich ja dann wieder zu viel fragte und redete. Es war ein schauderhaftes Spiel.

Irgendwie ganz tief im Inneren spürt und fühlt man, dass da etwas absolut nicht stimmt und nicht in Ordnung ist. Aber mir als damals sehr junger Mensch fehlten gänzlich jegliche Interpretationen oder Erklärungen.

Man macht sich selbst komplett zu einem Vollidioten, weil man eine Aussprache möchte, man möchte wissen, warum das wieder geschehen musste. Warum er sich so verhalten hatte, obwohl wir uns doch so liebten? Man verstand die Welt nicht mehr. Und je mehr man um Antworten kämpfte umso weniger erhielt man sie. Und wenn die Tränen flossen, passierte das oben Beschriebene. Sie wussten nicht, warum du so reagierst. Es nervt sie. Sie verstehen den Sinn nicht und wollen diese Situation nicht haben und aushalten.

Wenn man als erwachsener Menschen mit solchen psychopathischen Strukturen niemals in Kontakt kam, weiß man ebenso nicht, was hier geschieht. Warum das hier geschieht! Jegliche normale Reaktion oder Kommunikation ist hier nicht zielführend. Alles was du über „normale" Beziehungen gelernt hast, kannst du in solch einer destruktiven Beziehung nicht anwenden. Alle Ratgeber für Beziehungen kannst du hier getrost in die Tonne werfen.

Wie viele Menschen blickten mich nach dieser Beziehung oft mit großen Augen an und meinen, ja warum bist du denn nicht einfach gegangen? Sie wissen nicht, womit man es hier zu tun hat. Sie können es sich nicht mal in ihren kühnsten Träumen ausmalen.

Eine destruktive Beziehung hat ihren ganz ureigenen Spielplan und Gesetzmäßigkeiten. Sie ist mit nichts zu vergleichen. Diese Beziehungsform hat ein Alleinstellungsmerkmal. Und kennst du eine psychopathische Beziehung, kennst du sie beinahe alle. Weil es meist nach den gleichen Spielregeln abläuft.

Warum suchte ich mir keine Hilfe im Außen?

Es ist eine berechtigte und vielfach gestellte Frage.

Anvertrauen wollte ich mich niemandem, da sich schon in den Anfängen eine gewisse Scham eingeschlichen hatte. Ja, es war mir alles wahnsinnig peinlich. Warum war ich mit jemanden zusammen, der mich schlug, der mich trat, der mich runtermachte, der mich nachts aus dem Hause warf und ich stundenlang im Dunkeln ohne Klamotten irgendwo rumsitzen musste, der mir mein Geld wegnahm, der mich kontrollierte und mein Leben dominierte? Warum tat ich mir das an? Warum musste er so zu mir sein? Wie konnte ich erreichen, dass er mit diesen Attacken aufhörte? Warum geschah mir das alles überhaupt?

Ich hatte auf all diese Fragen keine Antworten. Auf der einen Seite gab es diese unendliche Nähe und dieses Eins sein, auf der anderen Seite viel Destruktivität, Gewalt, verbale Attacken usw.

Ich war mir damals anfangs sehr sicher, unsere wahnsinnige Liebe würde alles richten, sie würde alles heilen und wieder gutmachen. Ich glaubte tatsächlich dieser Liebe würde irgendwann einen liebevollen Menschen aus ihm machen. Davon war ich leider felsenfest überzeugt. Ich bräuchte nur Zeit und Geduld, die Wunden seiner Kindheit zu heilen. Welch überdimensional großes Ziel hatte ich mir da gesteckt? Es war natürlich komplett unmöglich für mich, hier eine Änderung bewirken zu können. Manchmal kam er mir vor wie ein verletztes, wütendes Tier, dass in die Ecke getrieben wurde. Wie von Sinnen war er manchmal, wo er ein völlig anderer Mensch wurde. Es war schrecklich. Und egal aus welchem Grund die Dinge schiefliefen, ich war dafür verantwortlich bzw. ich wurde dafür zur Strafe herangezogen.

Man muss es sich so vorstellen, dass kein einziger Tag in so einer Beziehung vergeht, wo er dich nicht daran erinnert, wer der Boss ist. Kein Tag, wo er nicht mit irgendetwas droht, kein Tag, wo er dir Vorschriften macht, und seien sie noch so banal, kein Tag, wo er irgendetwas Gehässiges über dich, deine Freunde oder Familie sagt, kein Tag, wo er dich komplett in Ruhe lässt und dich dein Leben nach deinen Vorstellungen leben lässt. Jeden Tag sollst du spüren, wo du hingehörst und nach welchen Regeln dein Leben abläuft. Jeden Tag sollst du wissen, dass es für dich keine andere Option gibt, als genau dieses eine Leben. Jeden Tag wirst du erinnert, dass du absolut keine Chance hast, an deiner Situation auch nur irgendeine kleine Kleinigkeit zu ändern. Jeder verfluchte Tag in dieser Beziehung ist dominiert von seinen Vorgaben. Keine Woche vergeht, wo er dir von seinen Drohungen und Schwüren erzählt, die er wahrmachen würde, wenn ich auch nur im Traume daran denken sollte, eine Trennung zu erwägen.

Und so glaubst du wirklich mit jedem Tag mehr und mehr, dass es genauso ist! Zu viele Drohungen ließ er schon in der Beziehung wahr werden. Und nachdem man es nicht besser weiß, fängt man an sich komplett zu verbiegen und einzuschränken, ihn nicht zu verstimmen, alles so zu richten und so zu handeln, dass man ihm keinen Aufhänger oder Gründe für irgendwelche Attacken gibt. Es ist ein wahnsinnig anstrengendes Leben, denn es gelingt dir einfach nicht.

Du mühst dich ab, du strengst dich an, die meiste Zeit deines Tages verbringst du damit, ihm zu *gefallen*, du verabschiedest dich komplett von deinem eigenen Leben und wirst zu einer Marionette. Du hängst an Fäden in einem Kammerspiel, und er ist dein Marionettenspieler. Er liebt es die Zügel und Fäden in der Hand zu haben, auf der anderen Seite wird er wohl von einer ständig präsenten Angst geplagt, auch nur einen einzelnen Faden zu verlieren. Nicht umsonst müssen seine Drohungen fast jeden Tag ausgesprochen und zum Teil wahrgemacht werden. Er muss den Rahmen deiner Handlungen ganz bewusst und konkret eng setzen, würde er die Zügel lose halten, würde man zu viel Freiheit spüren und käme so noch auf falsche Gedanken. Auch er ist in einem ständigen Zugzwang, auch er ist ständig beschäftigt mit seinen Regularien. So nimmt diese unheilvolle Allianz richtig Form an. Und jeder spielt seine Rolle in diesem abtrünnigen Spiel.

Du fängst nach und nach an, an deinen eigenen Gedanken zu zweifeln. Ein großer Zwiespalt tut sich in dir auf. Denn da ist einerseits deine innere Stimme tief in dir drin, die dir sagt, dass es hier nicht mit rechten Dingen zugeht, dass es dir mit diesen Regularien, die dein komplettes Leben bestimmen, absolut nicht gut geht. Das hier absolut alles komplett schiefläuft.

Und die innere Stimme sagt dir, dass seine dominierende Haltung absolut nichts in einer guten und funktionierenden Beziehung verloren hat. Aber diese innere Stimme ist sehr leise, ständig wird sie von seinen täglichen und ständigen Anweisungen übertönt. Und so befindest du dich ständig im Zwiespalt. Und wenn du viele Monate und Jahre diese täglichen Vorgaben hörst, reicht oft dann der besagte Blick dieses Menschen und du weißt, was du jetzt zu tun oder zu lassen hast. Es ist ein absolut makabres und vernichtendes Spiel.

Erschwerend kommt hinzu, dass man sich nicht als eigenständiges Wesen wahrnimmt, über die Zeit entsteht eine beinahe hundertprozentige elendige Verquickung mit diesem Menschen, man wird eins und so muss man diese Geschichte mit IHM ausbaden. Ich glaubte lange, dass es für *unser* Problem doch eine Lösung geben musste. Welches Problem sollte die unabdingbare Liebe eines Menschen nicht lösen können? Die Liebe eines Menschen würde alles stemmen können und jedes Problem aus der Welt schaffen. Ich ermutigte mich immer, noch mehr Geduld und Ausdauer zu haben. Irgendwann werden wir es geschafft haben. Welch fatales Ansinnen, welch vernichtender Trug-schluss.

Von außen betrachtet war das natürlich völliger Quatsch. Aber es scheint ein sehr häufiges Muster einer psychopatischen Struktur zu sein, eine andere Person völlig zu vereinnahmen, ja sie regelrecht zu absorbieren. Und dieses Eins sein wird vom fühlenden Menschen mit Verliebtheit verwechselt, mit absolut inniger Liebe. Nur ist es genau das Gegenteil dessen. Zumindest aus der Sicht des Psychopathen. Egal, was er dir von Liebe und Gefühlen erzählt, er hat absolut keine Ahnung davon. Er erzählt dir nur, was du hören willst und sollst, und er erzählt es dir nur, weil er sich davon einen Nutzen verspricht, und nicht weil er genauso fühlt. Er hat keinen blassen Schimmer, wie sich ein lie-bendes Gefühl anfühlt, er hat vielleicht darüber in Büchern ge-lesen, es in Filmen gesehen und von Erzählungen. Aber um was es hier geht, weiß er nicht im Geringsten.

Diese innige und wahnsinnige Liebe seines Partners gereicht ihm aber prima für seine Zwecke. Es ist ein zentrales Segment in dieser trügerischen Allianz. Der eine glaubt felsenfest daran und möchte mit dieser Liebe Berge versetzen, der andere verwendet sie für seinen Vorteil. Diese Liebe dieses einen Partners ist der Kitt, die Lebensversicherung für diese Beziehung. Allein sie ist es, die solch ein destruktives Konstrukt aufbaut und am Leben erhält.

So waren meine Überlegungen im ersten Jahr auch nie, wann und wie ich mich von ihm trenne, da er mir ja immer wieder sehr wehtat, sondern, wie können wir das Problem *gemeinsam* lösen! Das war natürlich der falscheste Ansatz überhaupt. Hier begegnen wir dem nächsten fatalen Trugschluss.

Denn *er* hatte ja gar kein Problem. Nur ICH hatte eines. Das gab er mir täglich zu verstehen. Er fühlte sich wohl, ich tat ja meistens, wie er geheißen und war ein angepasstes und braves Mädchen und das kleinste Vergehen wurde ja umgehend bestraft. Ihm wurden alle Wünsche erfüllt, unsere ganze Beziehung drehte sich nur um ihn. Alles richtete er nach sich aus, jede noch so kleine Entscheidung, jedes Ziel, dass er hatte, alles wurde nach seinem Gutdünken und nach seinen Vorstellungen gelebt.

Er hatte die Hoheitsgewalt über meine Gedanken, meine Handlungen, meine Wünsche, meine Ziele, meine Meinung, meine Freunde, meine Hobbys, meinen Körper, meinen Vorlieben und zu guter Letzt auch über mein Einkommen, meine Finanzen. Einfach alles.

Als ich Jahre später einer Freundin über meine Beziehung erzählte, verglich ich mein damaliges Leben mit einem Hochsicherheitstrakt. Genauso so war es, ich befand mich zwar im offenen Vollzug, aber ich hatte eine elektronische Fessel an meinem Fuß. Bei der geringsten Überschreitung meiner Grenzen schlug sie Alarm. Nichts ohne sein Befürworten war mir erlaubt. Er hatte mich längst in sein Spinnennetz eingewoben, wie oben erwähnt, in manchen Momenten konnte diese Enge als Geborgenheit empfunden werden, da es diese starke Verbindung mit diesem Menschen gab. Aber in Wirklichkeit war man sein erbärmliches Opfer. Ein willkommenes Opfer für seine Zwecke.

Aus Verzweiflung fing ich an, in seiner Kindheit/Vergangenheit zu forschen. Es ließ mich nicht los, verstehen zu wollen, warum er so zu mir sein musste. Meinungsverschiedenheiten gab es in jeder Beziehung, das war mir klar, aber das war wir hier hatten, war mit nichts zu vergleichen. Was war es, dass ihn so hatte werden lassen. Manchmal tat er mir fast leid, weil er sich keinen anderen Ausweg wusste und so begab ich mich auf die Suche in seiner Kindheit. Seine Großmutter erzählte mir schon des Öfteren, dass er es als Kind nicht so leicht hatte.

Und so fand ich heraus, dass sich seine Mutter, als er ein Baby war, nicht gut um ihn kümmerte. Sie war jung und unerfahren und schob das Baby bei der Großmutter ab.

Ich sprach ihn darauf an, wie er die Situation damals erlebte. Er war sehr wortkarg, einmal meinte er zu mir, dass er nie das Gefühl hatte, eine Mutter zu haben. Seine Großmutter schien einen Teil zu kompensieren, aber es war wohl nur ein geringer Beitrag, den sie leisten konnte.

Jetzt hatte ich endlich eine Erklärung für mich gefunden, eine ablehnende, nicht fürsorgliche, nicht liebende Mutter hatte IHN nun so ekelhaft werden lassen.

Da war sie, die Erklärung, die nun einiges für mich in der damaligen Zeit entschuldigte. Zumindest war es damals so für mich.

Meine (fatale) Schlussfolgerung daraus war, dass es nun meine Aufgabe wäre, ihn nun so sehr zu lieben, sozusagen als Wiedergutmachung, sodass diese Wunde nun endlich heilen konnte und er mich dann nicht mehr zu misshandeln bräuchte, da er ja jetzt jemanden hatte, der ihm die notwendige Liebe entgegenbrachte. Ich dachte mir, ich müsste nur einfach Geduld haben und so würde ein guter und gütiger Mensch aus ihm werden. Meine Schlussfolgerung war natürlich eine absolute Sackgasse.

Die unheilvolle Allianz konnte weiter wachsen.

Einer kann ohne den anderen nicht. So zumindest glaubt man das. Hier sind wir wieder bei der Illusion, zumindest was die Sicht des gesunden Menschen betrifft.

Einen Psychopathen braucht man nicht, aber ein Psychopath braucht einen.

Dieser Satz ist für mich zum absoluten Schlüsselsatz geworden. Eigentlich wird einem innerhalb dieser Beziehung tagtäglich genau das Gegenteil verklickert, aber in Wahrheit ist es genau umgekehrt.

Ein Mensch mit psychopathischen Strukturen ist meines Erachtens nicht angeschlossen, angeschlossen an die Quelle, an das, was einen fühlenden Menschen mit Liebesfähigkeit und Herzenswärme ausmacht. Einer psychopathischen Struktur fehlt dieser Anschluss gänzlich.

Deshalb brauchen sie diesen Anschluss durch einen anderen Menschen, aber nicht durch eine ebenso psychopathische Struktur, sondern von einem, der voll von Herzenswärme und liebesfähig ist. Und von dieser Quelle werden sie dann gespeist. Hier finden sie ihren Anschluss an das Göttliche könnte man sagen, hier können Sie Ihre Energien tanken, hier werden sie erst zu einem Menschen, hier finden sie ihre Kraft und ihren Lebenssinn. Ohne dieser Quelle ist ein Mensch nicht mehr als ein schlecht funktionierender Bioroboter. Deshalb wirst du eine psychopathische Struktur selten als Single finden. Sie können alleine kaum überleben, und wenn nur sehr schwer. Ihre Leben und Körper zerfallen buchstäblich, es hört sich sehr schlimm an, aber genauso ist es. Single sind sie im schlechtesten Falle so lange, bis sie wieder jemanden gefunden haben, den sie anzapfen können.

Deshalb auch die komplette Verschmelzung mit diesen Menschen, deshalb die beinahe Absorption dessen.

Nur durch einen liebevollen, intakten Menschen können sie wirken. Erst durch diesen fühlenden Menschen erwachen sie zum Leben und entwickeln sich rasch zu voller *Blüte*. Es ist die besagte unheilvolle Allianz, die stets in eine Sackgasse führt, nicht für den psychopathischen Partner, für ihn ist es der Himmel auf Erden. Soweit sie natürlich je einen Himmel erspüren können. Und natürlich auch nur, solange die Beziehung Bestand hat.

Für den fühlenden Partner ist es in jedem Fall die Hölle. Man wird angezapft und der Saft fließ nach und nach aus dem Körper, direkt hinein in den Partner. Dass so ein Prozess nicht gut ausgehen kann, wird einem hier klar. Und das trügerische an dieser Konstellation ist, dass man das nicht weiß. Man weiß es schlich und ergreifend nicht. Woher sollte man die Regularien solchen Konstruktes kennen?

Man verwechselt diese unbändige und ständige Nähe, dieses Zusammenkleben, dieses „Nichts-ohne-den-anderen", mit Liebe. Mit aufrichtiger, tiefer Liebe. Und hier liegt der dicke Hund begraben.

Man könnte diese Liebe als eine abgrundtiefe Liebe bezeichnen. Wobei der Begriff Abgrund hier sehr treffend ist. Wie in einem Sog wird man in solch einer Beziehung hinunter gezogen und erst wenn die Kräfte schwinden und man sich selber nicht mehr erkennt, wenn man anfängt für einen anderen zu lügen und sich zu verbiegen, wenn man zu sich selber nicht mehr steht, sich nicht mehr ernst nimmt, seinen Gefühlen nicht mehr trauen kann, dann fängt man langsam an zu realisieren, in welch unheilvoller Situation man sich befindet. Es ist ein sehr langer und schmerzhafter Prozess. Hier wird einem nichts geschenkt.

Man könnte in solch einer Situation Bücher zu diesem Thema verschlingen, zig gute Freundinnen könnten auf deinem Sofa zuhause bei Dir sitzen und würden Dir mit aller Inbrunst erklären wollen, in welch schrecklicher Situation du hier gefangen ist, und dass die einzige Rettung in einer Loslösung von solch einer Beziehung ist.

Sie würden Dir aufzählen, in welch schreckliche Machenschaften du verwickelt bist und dass du nicht schuld an seinen Eskapaden bist. Dass er diese Fallstricke jeden Tag für dich auslegt und du jeden Tag in diese Fallen tapst.

Sie könnten dich schütteln, sie könnten alles tun, um dich zu erwecken, es würde alles nichts bringen. Leider gibt es für diesen Weg keine Abkürzung. Jeder einzelne Schritt muss gemacht werden, und keiner davon kann ausgelassen werden.

Es ist wahrlich kein leichtes Leben an der Seite so eines Partners. Man trägt sehr schwer.

Tagtäglich ist man seinen Manipulationen ausgesetzt. Meist subtil und gut verpackt infiltrieren sie jeden deiner Gedanken, sie zersetzen deine Meinungen, sie kapern dein ganzes Wesen, zerpflücken es, setzen es neu zusammen, und machen eine gut funktionierende Maschine aus dir.

Sie sind so geschickt in diesem Unterfangen, dass man es als normaler Mensch gar nicht durchblicken kann, dass hinter diesen Machenschaften immer nur seine Ziele stecken. Niemals die des Partners.

Zu keiner Zeit, und wenn dann auch nur um wieder erneut zu manipulieren. Du weißt in manchen Momenten nicht mehr was gut und recht und was schlecht und unrecht ist. Du befindest dich die meiste Zeit in einem Status der kompletten Verwirrung. Und diese ganze Beziehung ist so schrecklich beschämend. Du schämst dich für ihn, du schämst dich für dich, du schämst dich für deine ganze Beziehung.

Eine Situation begab sich so: Wir waren für kurze Zeit in einer WG wohnhaft mit ein paar anderen Studenten. Die Tür zu unserem Zimmer ging auf und ein WG Bewohner bat uns um eine Sache. Die Situation in dieser WG war generell sehr angespannt, da das Zusammenleben nicht gut klappte.

Eines führt zum anderen, es endete damit, dass der Mitbewohner im Flur am Boden lag, es wurde gebrüllt, geschubst und gedroht. Es war entsetzlich.

Ich wollte am liebsten in den Erdboden versinken. Ich war aufgebracht und schämte mich dermaßen, dass er wieder einmal austickte. Der Bewohner verzog sich grollend in sein Zimmer. Und was machte ich: ich übernahm mal wieder die komplette Verantwortung für diesen Übergriff. Ich war ja, so glaubte ich das auf jeden Fall, in dieser Beziehung für alles verantwortlich. Auf allen Ebenen. Ich ging zu ihm, ich sprach mit ihm, mir war diese ganze Szene so derart peinlich. Ich versuchte ihn zu entschuldigen und wollte, dass kein Unmut entsteht.

Allein meine Vorgehensweise, hier vermitteln zu wollen, zog wiederum SEINE Wut auf mich und eine Strafe nach sich. Wie konnte ich nur? Es war alles so fatal. Und meine Verstrickung in dieser Beziehung das Fatalste. Ich fühle mich komplett für ihn verantwortlich. Ich war ja die Normale in der Beziehung, ich war das Sprachrohr nach außen, ich war diejenige, die für jede Situation in die Bresche sprang, auch hatte ich das Gefühl ihn ständig verteidigen zu müssen. Ich fühlte mich für ihn verantwortlich, wie für ein ungezogenes Kleinkind, das keine Ahnung hat, wie man sich in dieser Welt richtig verhält.

Worum geht es hauptsächlich in solch einer Beziehung?

Wenn es so etwas wie eine Agenda gäbe, die diese Beziehung beschreiben soll, dann würde an Punkt eins stehen: es geht immer und alles nur um ihn. Um die psychopathische Struktur.

Egal, worum es geht, sie verpacken es so, dass manche Entscheidung, die du nicht für gut hältst, letzten Endes doch für gut empfindest, da er es dir so geschickt schmackhaft gemacht hat, dass du sie zwar mit einem komischen Gefühl, aber letztendlich doch mitträgst.

Du liebst diesen Menschen ja, du willst eine funktionierende Beziehung, du willst nur das Beste, für ihn und für Euch in dieser Beziehung. Dein Anliegen ist es, das Beste rauszuholen. Du wünschst dir einen normalen Alltag, du wünschst dir Frieden und Geborgenheit. Und genau das Gegenteil von all diesen Punkt ist es, wozu ein psychopathischer Partner fähig ist. Und diesen Punkt kannst du einfach lange Zeit nicht glauben.

Es kann doch nicht sein, dass ein Mensch absichtlich etwas Schlechtes wollen würde. Dass ein Partner dich manipuliert, dass er dich ausnutzt, dass er es nicht einmal schlimm findet, wenn er dich regelmäßig körperlich attackiert, dass er dir dein

Geld stiehlt, dass er dich vor anderen Menschen runterputzt und dich bloßstellt. Dass er ständig und meist ohne Grund einen Streit vom Zaun bricht, nur um sich wieder eine Strafe für dich ausdenken kann. Ein Mensch, der dich einfach nicht leben lassen will, so wie du es dir vorstellst. Es war unmöglich. Man kann als fühlender Mensch nicht glauben, dass es so etwas überhaupt geben kann, und dann soll dies auch noch die große Liebe an der Seite tun? Niemals. Wie konnte solch ein zwiegespaltenes Handeln nur möglich sein? Eher zweifelt man an seinen eigenen Gefühlen und Empfindungen.

Ein großes Thema war das Schlechtreden. Es war ihm eine ungeheure Freude, wenn wir unter Freunden waren, dass er mich vor anderen lächerlich machte und bloßstellte. Und wenn es dann ein großes Gelächter gab, hatte er sein sichtliches Vergnügen.

Es sind absolut beschämende Situationen, in denen man am liebsten im Erdboden versunken wäre. Obendrein waren diese dargebrachten Anschuldigungen oft gar nicht wahr, oder eine Situation wurde extrem überspitzt dargebracht, es war egal, letzten Endes zählte die Diffamierung, die Kränkung und Demütigung. Je lauter das Gelächter, des vergnügter und zufriedener war er.

Nach solchen Treffen zur Rede gestellt, meinte er immer nur, dass das ganze ja nur Spaß sei. Nur das man selber nichts zu lachen hatte. Man hatte eine Wut auf den Partner und auch auf die ganzen Freunde, die natürlich die Situation nicht checkten und ebenso ihren Spaß hatten. Man wird vor den Freunden stets denunziert und leicht zu beeinflussende Menschen glauben irgendwann tatsächlich, dass du nicht ganz bei Trost bist.

Man sammelt in solchen Beziehungen unendliches Leid zusammen. Diese tagtäglichen Abwertungen deiner Person ziehen nicht spurlos an einem vorüber. Sehr früh machten sich bei mir schon körperliche Symptome sichtbar. Mein Magen schmerzte, ich vertrug nach und nach viele Speisen nicht mehr. Der Arzt konnte keine Diagnose stellen. Und selbst da brachte ich nicht die Ursache mit meinen Beschwerden in Verbindung. Die ständigen und täglichen Auseinandersetzungen, dieser ständige Druck, immer das richtige zu tun, der Zwiespalt zwischen seinen eigenen Wünschen, die man realisieren möchte und den Vorgaben und Regularien deines Beherrschers, ist wahnsinnig schädigend für Körper und Psyche.

Stichwort: Saubermann. Meist sind solche Menschen im äußeren Leben absolute Saubermänner. Gute Manieren, guter, meist sogar sehr guter Job, erfolgreich, eloquent oder auch ruhige sympathische, im öffentlichen Leben oft sehr angenehm zurückhaltende Menschen. Sie besitzen sehr viel Charme und wissen genau, welche Worte, bei welchen Menschen, in welchen Situationen angebracht sind.

Im Nachhinein würde ich heute sagen, psychopathische Strukturen sind nicht klug, sie sind clever.

Hierbei gibt es für mich einen eklatanten Unterschied.

Klugheit und kluge Entscheidungen setzen Empathie, Herzensbildung und soziale Fähigkeiten voraus. Ein kluger Mensch entscheidet immer so, dass niemand unter seinen Entscheidungen zu leiden hat oder zu Schaden kommt. Er entscheidet eben klug und weise. Sein Umfeld oder diejenigen, die von seiner Entscheidung betroffen sind, werden niemals von einem klugen Menschen zu Schaden kommen.

Ein cleverer Mensch hingegen entscheidet ausnahmslos für sich selbst. Er selbst steht im Zentrum seiner Entscheidung, nur sich selbst hat er im Fokus. Egal, welche Konsequenzen es nach sich zieht. Ohne mit der Wimper zu zucken wird hier gehandelt. Nachdem ihm jegliches Gefühl für andere Menschen fehlt, trifft er diese Entscheidungen auch sehr leicht und seien sie noch so schmerzvoll für seine Umwelt oder auch seinem Partner. Er geht sozusagen über Leichen und es ist ihm ein Leichtes.

Unterm Strich zählt nur sein eigener Vorteil. Er beachtet in keinster Weise die Gesamtsituation und wägt ab, ob jemand durch seine Entscheidung eventuell geschädigt werden könnte. Er hat kein Gefühl dafür, in seiner Welt bestimmt nur er. In seiner Welt existiert nur er.

Man könnte meinen, bei diesen Menschen handelt es sich um arbeitslose, tätowierte, asoziale Schläger aus dem Plattenbau, die jeden Tag betrunken auf dem Sofa liegen.

Die mag es wohl auch geben, aber hier berichte ich ausschließlich von der psychopathischen Struktur. Und die ist oft genau das Gegenteil dessen, was man sich so landläufig unter einem Schläger vorstellt. Die gängigen typischen Schläger sind sie nicht, die ständig im Außen auf Krawall gebürstet sind und bei Schlägereien vorne mit dabei. Ein allereinziges Mal in zehn Jahren schlug er einen anderen als mich. Eine Situation bei Freunden eskalierte und er ging auf jemanden los. Er kam geradeso um eine Anzeige herum. In seinem sonstigen Leben gab es nie Überschreitungen. Einmal sogar pöbelte ihn ein Betrunkener im Club an und rempelte ihn, auch hier wand er sich elegant aus der Situation. Es hätte ihm nichts gebracht, sich hier zu prügeln, außer Ärger und Schmerzen.

Seine Attacken aber mir gegenüber brachten ihm Gefügsamkeit und Einschüchterung. Dieses brauchte er, um mich an ihn zu binden. Einen fremden Menschen zu schlagen hätte ihm nur geschadet, dann doch lieber zuhause und das mit Gewinn.

Was waren wir doch nicht für ein schönes Paar...herrlich, schönes Haus mit Garten, zwei Autos, zwei gute Jobs, wann kommen denn endlich die Kinder?....wie oft musste ich mir diese Sätze anhören...nach außen waren wir das wohl. Aber wir waren natürlich alles andere.

Stichwort: Dr. Jekyll und Mr. Hyde. Der Saubermann lässt nur hinter privaten, geschlossenen Türen seine Maske fallen oder bei einer Autofahrt, auf jeden Fall immer da, wo es keine Zeugen gibt. Zumindest fast immer.

Die Weste von Dr. Jekyll war rein und weiß. Seine Schläge verteilte er nur, sobald die Tür ins Schloss gefallen war, oder wenn die Autotüre zufiel, dann gab es meist Raserfahrten, niemals gab es Attacken vor anderen Personen, schon gar nicht vor Bekannten. Denn sein Gesicht musste schon gewahrt sein. Diffamierungen vor anderen waren gang und gäbe, da ließ er sich keine Situation und Gelegenheit entgehen, denn hier war er ja der King, der andere königlich amüsierte.

Nach ca. 1,5 Jahren, ich hatte nun schon etliche Eskapaden hinter mir, begann ich mich zu ändern, zum Guten wie zum Schlechten. Das Gute war, dass ich mich mehr wichtig nehmen wollte, mein Leben leben wollte, ich spürte mehr und mehr, dass ich mein Leben verloren hatte. Ich lebte nur noch sein Leben, alles genauso, wie er wollte. Jede Unternehmung war seine Idee, jede Investition war seine Idee und jede seiner Vorlieben, Urlaubswünsche, alles drehte sich nur um SEIN Leben.

Neidisch beobachtete ich andere Paare, und ich spürte sehr wohl, sehr genau, dass bei uns hier einiges schieflief. Aber zu tief war ich in diesem Beziehungssumpf verschluckt. Man hört fast gänzlich auf als eigenständige Person zu leben. Alles richtet sich nach den Wünschen, Vorgaben und Bedürfnissen dieses Menschen aus.

Normale Alltagssituationen, wie schwimmen gehen, essen gehen, mit Freunden einen Ausflug machen, wurden zur Tortur. Ständig musste man auf der Hut sein, sage ich nichts Falsches, mache ich nichts Falsches, ständig musste ich seine Gedanken lesen und erraten können, dass mir nur ja nichts entging. Ich musste auf seinen Blick achten, ob er von einer Situation schon genervt war oder nicht. Denn verbal äußerte er sich nicht wie ein normaler Mensch. Er sagte mir nie verbal, dass er gerne heim möchte aus dem und dem Grund, oder dass er dies oder jenes möchte. Ich musste ständig seine Gedanken und seinen Gemütszustand erraten.

Und wenn ich die Anzeichen falsch deutete oder mir entging seine gekippte Stimmung, dann folgte auf den Fuß die Strafe.

Es ist insgesamt ein sehr anstrengendes Leben, immer auf der Hut und immer das Richtige zu tun und zu sagen. Ich war sein Punchingball für seine schlechte Laune, für Dinge, die schieflieren, für alles, was in ihm ein schlechtes Gefühl auslöste. Ich war komplett für alles verantwortlich. Und aus einem falsch gedeutetem Gefühl heraus übernahm ich diese Verantwortung, obwohl man sie kaum schultern kann.

Es war in dieser besagten Zeit so, dass ich diesen Zustand nicht mehr aushalten wollte. Wir waren zuhause bei ihm, es gab wieder Streit und ich holte wutentbrannt meine Sachen aus dem Schrank mit den Worten, das ich nach Hause wollte, das das ganze hier keinen Sinn mehr machen würde und ich die Trennung wollte. Seine Großmutter im Hause bekam alles mit und sie war auch bereit, mich nachhause zu fahren. Ich war gerade mal 17 Jahre alt.

Die Taschen waren gepackt und plötzlich wurde aus Dr. Hyde wieder Mr. Jekyll. Mit viel lieben und versprechenden Worten und sogar Tränen kniete er vor mir, entschuldigte sich für sein Verhalten in der letzten Zeit und gelobte Besserung. Ich war hin- und hergerissen. Was sollte ich tun? Ich war ja noch verliebt, aber die Dinge, die in unserer eigentlich noch sehr kurzen Beziehung passiert waren, waren einfach zu schrecklich gewesen. So etwas war doch keine Beziehung in meinen Augen. Ich wollte nach Hause, ich wollte mich erholen und wieder durchatmen können. Ich wollte weg, weg von dieser zerstörenden Situation.

Ich erlebte ihn an diesem Tage plötzlich sehr schwach, hilfe-bedürftig, liebesbedürftig, alles in allem ein Häufchen Elend. Er beschwor mich zutiefst und versprach mir alles, was ich von ihm verlangte. Mein Mitleid siegte. Ich ließ meine Taschen fallen und wollte ihm noch einmal eine Chance geben. Ich dachte allen Ernstes wirklich, dass diese Eskapade sein Verhalten nun ein für alle Mal ändern würde.

Es gestaltete sich danach so, dass er tatsächlich für einige Zeit sehr zurückhaltend war mit seinen physischen und psychischen Attacken. Aber es dauerte nicht sehr lange und ich war wieder im gleichen Sumpf wie vorher. Und ich hatte das Gefühl, dass er mich jetzt noch mehr bestrafen müsste, da ich es ja gewagt hatte, mich von ihm zu trennen. Es war seine größte Angst, sie spüren genau, wenn sie den Partner verlieren, dass das für sie mit Ver-nichtung gleichstand.

Sie brauchen dich, wie die Luft zum Atmen. Und sie hassen dich gleichzeitig dafür.

Zu der Zeit zogen wir beide in ein älteres Haus. Nun gab es für ihn noch weniger Augen- und Ohrenzeugen. Als sich eines Tages die Nachbarn über Lärm beschwerten, wies mich seine Oma noch zurecht, was wir denn hier im Hause veranstalten würden, ob wir denn wirklich streiten müssten?

Zu diesem Zeitpunkt brach es zum allerersten Mal aus mir heraus, und ich sagte ihr, dass es nicht an mir lag, sondern dass ER immer wieder Wutausbrüche hätte. Sie tat das mit einer wegwerfenden Handbewegung ab und fragte nicht mal nach, was denn nun genau hier vorginge. Es wurde einfach ignoriert. Auch sie gab mir hier, ohne es auszusprechen die Schuld an un-seren Streits. Es wäre wahrscheinlich meine erste Gelegenheit gewesen, aus diesem Teufelskreislauf auszubrechen, wenn mir von außen jemand gesagt hätte, wir destruktiv und krank unsere Beziehung eigentlich war. Hier wäre auch meine erste Gelegen-heit gewesen, mal eine Meinung von außen einzuholen und mich in meinem Zwiespalt und mit meinen Zweifeln nicht so alleine zu fühlen. Aber die Großmutter interessierte das nicht, sie ließ mich sogar mit Gefühl dastehen, als ob die Streits bestimmt meine Schuld wären.

Und so ging es weiter, bis es sich über kurz oder lang wieder zuspitzte.

Die körperlichen Attacken nahmen wieder zu und ich drohte ihm mit Trennung und das ich so nicht mehr leben wollte.

Die allergrößte Angst einer psychopathischen Struktur ist es, verlassen zu werden. Von der Angst wird er beinahe jeden Tag geplagt, deshalb wurde er auch nicht müde, mir ständig mit sämtlichen Horrorszenarien zu drohen, wenn ich jemals daran denken würde, zu gehen.

Mit einem Mal ändert er seine Strategie: er fing an Möbel zu zerschlagen, Türen einzutreten, Dinge flogen durch die Luft. Er vergriff sich mit einem Male nicht mehr an mir. Was war da plötzlich geschehen? Zu groß war anscheinend die Angst vor einer Trennung. Er verletzte sich bei seinem neuen Vorgehen sogar meist selber.

Irgendwie atmete ich auf, da er seine Wut nicht mehr an mir ausließ.

Zu dieser Zeit, man sollte es kaum glauben, heirateten wir. Es gehört zu dieser Struktur, einen Menschen besitzen zu wollen mit all seinen Fasern. Eine Heirat war selbstverständlich und ein gutes Instrument dafür. Eine weitere Sicherheit eines Psychopathen einen anderen Menschen zumindest auch auf dem Papier zu besitzen. Es waren sehr dunkle und schwere Jahre in meinem Leben. Mein Job, den ich damals ausübte, gab mir etwas Ablenkung, aber mein Traumjob war es auch nicht, so freute ich mich immer sehr auf das Wochenende, wo oft ein befreundetes Paar zu Besuch kam. Die Männer kannten sich von klein auf, und dieser Freund war in seiner Art sehr devot und zurückhaltend, was psychopathische Strukturen sehr lieben. Denn stolz auftretend mit allem, was sie besaßen und wussten, war ihr Ding. Das durfte ihnen niemand streitig machen.

Seine neue Strategie in Ausnahmesituationen nicht auf mich, sondern auf das Mobiliar loszugehen, war leider nur von kurzer Dauer, er erkannte den zahlenmäßigen Schaden, den er immer wieder anrichtete, die Dinge mussten repariert oder neu gekauft werden. Auch geriet er immer wieder in Erklärungsnot der Familie gegenüber, warum schon wieder dies oder jenes zu Bruch gegangen sei.

Es dauerte nicht lange und so widmete er sich doch wieder mir und die Hölle nahm weiter seinen Lauf.

Sehr oft war ich nah dran, mich Freunden zu öffnen, ich hatte auch sehr oft das Gefühl, dass sie etwas ahnten, aber meine Scham war letzten Endes zu groß und ich schwieg. Nach außen war ich eine junge, fröhliche, hübsche Frau, die mit ihrem Mann in einem schönen Haus mit Garten wohnte. Tief innen war ich todunglücklich, traurig und ich hatte jegliche Hoffnung aufgegeben, dieser schlimmen Spirale je zu entrinnen. Ich sah mir einfach keine Möglichkeit!

Wenn man sich selbst als eigenständiger Mensch nicht wahrnimmt, dann nimmt man sich überhaupt nicht wahr. Fast jeder Gedanke ist mit ihm beschäftigt. Stets immer all seine Bedürfnisse befriedigen. Ihn nur ja nicht ärgern. Man verliert sich nicht nur aus den Augen, man hat sich überhaupt nicht mehr IM Auge. Man lebt in einer Welt, die von ihm dirigiert, gelebt und gesteuert wird. 24 Stunden am Tag, sieben Tage die Woche. Man lebt nur noch in seiner Welt. Und dieses Gespinst, dieses Spinnennetz wird Reihe um Reihe aufgebaut, fast unmerklich und schon nach relativ kurzer Zeit zappelt man wie die Fliege im Netz und weiß sich keinen Ausweg mehr.

Wenn ich mich heute auf alten Fotos betrachte, egal wann und wo sie entstanden sind, meine Augen waren tieftraurig, ratlos, meine Körperhaltung resigniert, ein dunkler Schleier hing über mir. Ich war der unglücklichste Mensch. Ich wollte im Grunde ja nicht viel, ich wollte ein friedliches, beschauliches Leben führen, aber auch das war zu viel verlangt.

An der Seite eines Psychopathen wirst du vieles haben, nur keinen Frieden und keine Beschaulichkeit.

Was waren die Auslöser für seine krankhaften Eskapaden?

Am meisten triggerte ihn, wenn ich meinte, mir etwas von meinem selbst verdienten Geld kaufen zu wollen, und dies, ohne ihn zu fragen.

Einkaufen gehen durfte ich nur mit ihm, und kaufen durfte ich nur, wo er seine Zustimmung gab. Und wenn es um mich ging, dann bekam ich nur die Sachen, die ihn anmachten, die er gut für mich hieß. Stets sollte ich perfekt sein, für ihn natürlich. Eigene Wünsche konnte ich mir in die Haare schmieren.

Ich versuchte ihn auszutricksen: wenn ich mir mal eine Hose oder einen Pullover alleine leistete, fing ich an die Dinge länger im Schrank zu verstecken und irgendwann beiläufig rauszuholen und wenn er argwöhnisch das Teil betrachtete, meinte ich, dass ich das schon länger hätte und er sich einfach nicht erinnern konnte.

Wenn ich aber vergaß ein neues Kleidungsstück nach dem Kauf gleich zu verräumen, dann zerstörte er es umgehend, damit ich lernte, dass so ein Verhalten nicht geht. Er bestrafte mich sehr gerne mit den ausgeklügeltsten Ideen. Z.B. Fotos von mir und meiner Familie in millimeterkleine Schnipsel zu zerschneiden, Lieblingsdinge von mir zu drapieren und dann mit dem Gewehr drauf zu schießen, bis nur noch Fetzen übrig blieben. Kleidungsstücke zerriss er so derart, dass sie nicht mehr zu retten waren. Parfum kippte er in den Ausguss, CDs zerbrach er, alte Musikkassetten überspielte er mit schrecklichen Tönen. Es machte ihm riesigen Spaß, mich zu quälen.

Wenn wir uns irgendwo aufhielten oder zu Besuch waren, musste ich ihn immer im Auge behalten, ob es ihm auch immer noch gut ging, oder ob er vielleicht schon gehen wollte, wenn ich das versäumte, zu beobachten, bekam ich die Rechnung spätestens vor der Türe oder im Auto präsentiert.

Viele Raserfahrten musste ich erleiden, wo er sogar auch noch andere Teilnehmer gefährdete.

Eines Tages an einem Sommertag fuhren wir an einen See, auf dem Rückweg zum Auto gab es Streit und er rannte zum Auto, ich im Badeanzug hinterher, ich wollte dort nicht zurückgelassen werden. Er sperrte das Auto auf, und als ich ebenso einsteigen wollte, schnappte er sich einen großen Ast und ging damit auf mich los. In dem Moment sprintete ich los in den angrenzenden Wald, ich rannte so schnell, wie ich in meinem Leben noch nie rannte, bog mehrmals ab und schüttelte ihn nach einiger Zeit so von mir ab.

Nach einigen Minuten, ich war schon ziemlich weit gekommen, versteckte ich mich keuchend unter einem kleinen Felsvorsprung, der an einer Böschung war.

Absolut verängstigt und ratlos saß ich da mitten im Wald und wusste nicht weiter. Ich hatte so die Nase voll von dieser Beziehung und auf der anderen Seite fühlte ich mich so verantwortlich und auch eingeschüchtert. Aber diese Flucht tat mir auch gut. Das erste Mal hatte ich gewonnen, mich ihm entzogen. Keine Attacke aushalten müssen, aber dieses gute Gefühl wurde sofort von dunklen Vorahnungen verdrängt.

Was sollte nun geschehen? Ich hatte nichts bei mir, lediglich ein T-Shirt über dem Badeanzug, Gott sei Dank war es Sommer und sehr warm.

Lange saß ich in meinem Versteck und überlegte.

In diesen Stunden war ich gefühlsmäßig sehr zwiegespalten, einerseits war ich für den Moment frei, wie schon lange nicht mehr, ich hatte mich seinem Zugriff verwehrt, für ein paar Stunden konnte ich mich wieder spüren, ich hatte Verantwortung für mich übernommen, auf der anderen Seite musste es ja weitergehen, aber wie?

Ich konnte nicht die nächsten Wochen und Monate hier im Wald verbringen. Wahrscheinlich machten sich auch schon manche Sorgen um mich. Ich rappelte mich auf und ging an den Waldrand, setzte mich in die Sonne auf eine Wiese und überlegte. Ich beschloss zurückzugehen um mit ihm zu sprechen.

Als ich mich auf den Weg machte, kam mir im Auto schon seine Oma entgegen. Sie suchten nach mir, ich stieg ein, wir sprachen nicht viel und wir fuhren zu ihm. Er wusste selber nicht genau, wie er sich verhalten sollte, aber ich vermute, er hatte Angst, mich doch zu verlieren und es gab an dem Tage keine ,Strafe'.

Immer wieder tappte ich in die selbe Falle, wo ich meinte, wenn nun das und das geschehen würde, dann würde er endlich von mir ablassen, dann würde er endlich ein normaler Mensch werden, dann müsste er mich nicht mehr bestrafen, dann könnten wir ein schönes und friedvolles Leben führen.

Aber er war ein Trugschluss, ein fataler. Denn gar nichts besserte sich, im Gegenteil, im Grunde wurde es immer schlimmer. Die Zügel wurden immer enger angezogen, sodass es mir fast die Luft zum Atmen nahm. Mein Lebenswirkkreis wurde immer kleiner und der Bereich, den ich selbst bestimmen konnte, immer eingeschränkter.

Eine psychopathische Struktur braucht Kontrolle. Kontrolle über den, den er besitzen will. Ohne Kontrolle, Zwang und Druck würde sich derjenige schnell aus dieser Beziehung befreien können. Das wird mit aller Gewalt unterdrückt. Jeden Tag bekommt man zu spüren und zu hören, was man machen darf, und was nicht, was man denken soll, was man auf keinen Fall tun darf und wovon man nur maximal träumen kann.

Wie gesagt in den Anfängen, werden die Dinge, die verboten sind zu tun, sehr schön verpackt. Mit netten Worten versucht er dir zu erklären, warum das und das leider nicht möglich ist. Da beginnt schon die Zeit der Verwirrung, weil dein Gefühl eigentlich etwas gänzlich anderes sagt. Nur sind sie Meister der Manipulation und letztendlich willst du an die Worte glauben, die er erzählt. Schließlich liebt man ihn ja. Man verwechselt diese strengen Regeln tatsächlich mit Liebe. Wir waren ja etwas ganz Besonderes, das gibt er dir jeden Tag zu verstehen. Nicht so wie die anderen Paare, die sich komplett egal sind. Wo jeder tun und lassen kann, was er will. Nein, so machen wir das nicht. Bei uns herrschen ganz andere Regeln, Regeln die uns zu etwas Besonderem machen. Was das wirklich Besondere an diesen Beziehungen ist, erkennt man leider erst viel später.

Er versucht dich davon zu überzeugen, dass sich in anderen Beziehung die Menschen absolut falsch verhalten, hier in dieser Beziehung bist du mir nicht egal, ich kümmere mich um dich, ich möchte alles von dir wissen, bei uns gibt es keine Geheimnisse. Wir werden alles gemeinsam machen, nichts überlassen wir dem Zufall und keiner unternimmt auch nur irgendetwas ohne den anderen darüber Bescheid zu geben.

Diese destruktive Beziehung wird einem als etwas ganz Besonderes verkauft. Und dieses Besondere verwechselt man eben sehr leicht mit einer ganz besonderen, tiefen Liebe. Bei den anderen läuft es meist schlecht, weil anscheinend die Liebe nicht so groß wie bei uns.

Man merkt hier deutlich die Verzerrung. Für seine eigenen Zwecke ist ihm kein Mittel zu schade, es zu verwenden.

Andere Personen werden auch ständig schlecht von ihm gemacht, nur er ist das Maß aller Dinge, nur sein Verhalten und seine Vorstellungen. Die anderen haben alle keine Ahnung.

Es sind in Wahrheit auch große Meisterdiebe. Sie stehlen dir in einer Beziehung alles, was dich ausmacht. Sie stehlen dir deine Gedanken und ersetzen sie mit den Seinen. Sie stehlen dir deine Meinungen und Einstellungen und überzeugen dich von seinen Erwartungen. Sie stehlen dir deinen Hausverstand und ersetzen ihn durch seine kranke Denkweise. Sie stehlen dir deinen Besitz, indem sie dir vormachen, dass es kein Dein oder Mein mehr geben soll.

Sie stehlen dir dein Geld, natürlich unter dem Vorwand nur in deinem Sinne zu handeln und dass alles nur zu deinem Bestem geschieht. Sie stehlen dir deine eigene Identität und überlagern sie mit Ihrer. Denke so, wie ich es will, handle so, wie ich es will, fühle so, wie ich es will. Sie stehlen dir deine Träume, den leben darfst du nur ihre Träume. Sie stehlen dir deine Ziele, denn es geht nur um ihre Eigenen. Sie stehlen dir deine Lebensfreude, denn so bist du gefügiger und machst mehr das, was sie möchten. Und letztendlich stehlen sie dir deine Lebenszeit, denn Leben, so wie ein Leben gelebt werden kann, mit all seinem Reichtum und all seinen Facetten, ist hier nicht mehr möglich...

Und das was zum Schluss von dir übrigbleiben wird, ist nichts mehr als ein jämmerlicher Wurm, der nicht mehr weiß, wer und was er ist. Planlos, besitzlos, ziellos, hoffnungslos, haltlos.

Freunde von mir, vor allem die, die etwas zu kritisch und selbstbewusst sind, sind ihm an erster Stelle ein Dorn im Auge und werden sofort aussortiert. Übrig bleiben die devoten, angepassten und ruhigen. Meist nur noch ein sehr kleiner Kreis.

Ich durfte mich auch nicht einfach so mit einer Freundin verabreden, das ging nur nach Absprache und meistens verbot er es, oder er forderte dafür eine andere Sache von mir. Meistens ging es um Waffenkauf oder andere teure Anschaffungen, wo er auch mein Geld dafür verwendete.

Fast den ganzen Tag hing er vor Katalogen und sinnierte, welche Dinge er sich als nächstes kaufen würde. Ständig musste es ganz was Tolles sein. Die teuerste Stereoanlage, eine teure Waffe, große Werkstattmaschinen usw. Kurze Zeit erfreute er sich an den Dingen, nach drei Wochen überlegte er schon einen neuen Kauf.

In wie vielen Städten liefen wir stundenlang durch die Straßen auf der Suche nach High Tech Geräten, nach Waffengeschäften und dgl. Wie gesagt, alles drehte sich nur um ihn. Nur dann war seine Welt in Ordnung.

Ich durfte auch von meinem selbst verdienten Geld nichts abheben, denn es war ja UNSER Geld. In Wahrheit war mein Geld sein Geld, nichts anderes. Er versuchte mir immer, die Dinge so zu verkaufen, dass es ja nur zu meinem Besten sei.

Einerseits weiß man natürlich, dass hier etwas gewaltig nicht stimmt, auf der anderen Seite ist die Verquickung mit diesem Menschen so stark, so dass man aus diesem Dickicht, diesem elendigen Dschungel nicht das Licht der Sonne sieht.

Und gleichzeitig wird man immer mehr zerstört, dieser tägliche Kampf, dieses ständige ‚Auf der Hut' sein, dieser ständige Druck machte mich schwach und schwächer. Alleine, wenn es in der Arbeit mal mehr zu tun gab, und ich nicht zur normalen Zeit zu Hause sein konnte, wurde ich schon nervös.

Es ist für Außenstehende kaum zu begreifen. Und es ist auch eine ganz besondere Konstellation mit einem Alleinstellungsmerkmal. Man muss es erlebt haben, um es zu verstehen.

Ein fühlender Mensch versucht zu verstehen, warum der Partner so handelt. Warum muss er immer so böse und gewalttätig sein. Und ständig lässt man sich von seinem Mitgefühl leiten, dass er ja so viel in seiner Kindheit mitgemacht hat und deshalb nicht anders reagieren kann.

Nach ca. 5 Jahren Beziehung überfiel mich an einem kalten, verhangenen Wintertag etwas gänzlich Schauderhaftes. Ich hatte eine schwere Angstattacke. Wie plötzlich aus dem Nichts. Mir schien in dem Moment, als ob der ganze Himmel auf mich einstürzen würde, ich wurde regelrecht zermalmt. Ich fühle mich wie ein jämmerlicher Wurm, der keine Chance hatte, zu überleben. Ich wusste nicht, wie mir geschah, ich kannte so etwas nicht. Völlig angstgelähmt lief ich durch das Haus und fand keine Hilfe für mich. Nach einiger Zeit beruhigte ich mich, aber ab da hatte ich eine saftige Angststörung entwickelt.

Dieses Gefühl zermalmt und erdrückt zu werden, war natürlich nur ein Pendant zu meiner Gefühlswelt, die ich in unserer Beziehung hatte. Auch da geschah nichts anderes. Ich sah mir einfach keinen Ausweg. Diese Menschen rauben dir schlicht alles und am meisten deine eigene persönliche Freiheit, du besitzt einfach keine. Du musst sie abgeben, zu 100 Prozent. Du lebst wie in einem Hochsicherheitsgefängnis.

Der Zustand war so schlimm, dass ich suizidale Gedanken bekam, weil meine Angstattacken so schlimm waren, sodass ich sie mit dem Leben nicht lange vereinen konnte. Lieber wollte ich sterben.

Ich suchte mir damals sehr rasch Rat bei einem Psychologen. Er fragte mich bei meinem ersten Termin ständig, was in den letzten Tagen bei mir passiert war. Aber da war nichts passiert. Nicht ein einzelnes Geschehen. Es waren die letzten fünf Jahre, die mich kaputtgemacht hatten. Peu a peu. Aber das wagte ich nicht, ihm zu erzählen. ER saß draußen im Wartezimmer, ich habe kein ehrliches Wort über die Lippen gebracht. Die Scham war zu groß. Und letztendlich konnte ich diese Erkrankung tatsächlich selber nicht mit meinem Leben in Verbindung bringen. Es war mir unmöglich. Und dem Psychiater gelang es auch nicht, aber er nahm meine Angstattacken ernst und verschrieb mir für einen Monat ein sehr starkes Medikament, was mich endlich aus dieser schrecklichen, komplett vereinnahmenden Angstschleife befreite.

Eigentlich bedurfte ich dringend einer Therapie, aber damals wurde das nicht von der Krankenkasse übernommen, es war zu der Zeit auch nicht gang und gäbe. Wir wohnten auf dem Land, ich kannte niemanden, der eine Therapie machte. Außerdem war ER dagegen, dass ich eine kostenpflichtige Therapie annahm. Für ihn war meine Angsterkrankung ein gefundenes Fressen.

Anstatt Mitgefühl mit mir zu haben, machte er sich lustig über mich, da ich ja jetzt einen Psychodoktor brauchte. Ja, so weit wäre es schon mit mir gekommen. Ich wäre ja jetzt komplett durchgeknallt. So, auf die Art, dass ich ja noch froh sein kann, dass er sich mit mir abgibt. Man kommt in einer destruktiven Partnerschaft nie gut weg, ob es dir gut oder schlecht geht. Es ist ganz egal. Die Bestrafung folgt. Du kannst zerstört am Boden liegen und nach Luft ringen, sie kommen und drücken dir noch den Hals zu. Ohne jegliche Skrupel. Ohne jegliches Mitgefühl. Ohne mit der Wimper zu zucken.

Leider hatte ich bei diesem Psychologen auch nicht den Mut, mich ihm anzuvertrauen. Nun, ich machte es ja bei niemandem, warum hier? Eigentlich wäre es mir ein Leichtes gewesen, es fiel ja unter das Arztgeheimnis, aber ich dachte nicht mal im Ansatz daran, auch nur ein Sterbenswörtchen über mein desaströses Leben zu erzählen.

Nun lebte ich ein Leben mit einem Dauermedikament, dass meine Angsterkrankung in Schach hielt. Aber dieses Medikament konnte meine Probleme nur oberflächlich lösen. Ich war auch damals nicht in der Lage, gedanklich die Dinge zu verknüpfen, sodass ich nicht erkennen konnte, dass diese Beziehung mich krank machte. Es war mir nicht möglich zu erkennen, dass das zerstörende Verhalten meines Partners schuld an meiner Erkrankung war. Ich suchte die Schuld wieder einmal bei mir, bestärkt durch die beschämenden Aussagen meines Peinigers.

Das Leben musste weitergehen.

Ein großes Thema waren Urlaube und Ausflüge. Natürlich, wie konnte es auch anders sein, war das Urlaubsziel immer nach ihm ausgerichtet, wie lange man wegfuhr, was man dort unternahm, wann man und wo man Essen ging. Jeder Schritt wurde von ihm dominiert.

Es war sein Urlaub und mich zog er mit. Diese Urlaube waren immer die reinste Katastrophe. Ich hatte keinen Spaß, keine Freude, wenn du auf Schritt und Tritt kontrolliert wirst, man ständig Schuld ist, weil dort dies und jenes nicht so ist, wie er es sich wünschen würde, selten waren die Gegebenheiten so, dass sie ihm passten. Es machte ihm Freude mich dann für jede unleidige Situation zu quälen und zu bestrafen.

Es sind durchwegs nur schreckliche Erinnerungen. Für alles war man verantwortlich. So unverständlich es auch klingen mag, letzten Endes war ein Urlaub für mich strapaziöser als das „normale" Leben zu Hause.

Eines Tages wollte er in eine größere Stadt shoppen gehen, natürlich ging es zu einem großen Waffenhändler, den er sich vorher rausgesucht hatte. Wir mussten in dieser Stadt eine besagte Straße finden, und in der damaligen Zeit saß ich als Beifahrer mit einem Straßenatlas auf dem Schoß. Ich konnte in einer bestimmten Situation nicht schnell genug erkennen, in welcher Straße wir uns befanden, noch in welche wir bei der nächsten Kreuzung abbiegen mussten. Er war mächtig gestresst und genervt. Auf einem Mal bremste er am Straßenrand ab, lief um das Auto herum, zerrte mich aus der Tür und stieß mich einen Graben runter. Ich konnte so schnell gar nicht denken. Ich weiß noch, dass zwei Frauen geschockt auf den Fahrrädern neben mir hielten. ER schrie sie an, sie sollten sich schnell davonmachen, sonst würde ihnen etwas blühen. Sie schauten zu mir runter, und ich gab ihnen ein Zeichen, dass alles gut wäre, und sie davonfahren könnten. Ich sehe heute noch die geschockten Gesichter der beiden Frauen.

Gemütsmäßig verfiel ich immer mehr, ich fühlte mich schwach, ausgelaugt und unendlich traurig. Ich war eine Gefangene im goldenen Käfig. Nach außen hin wohnten wir wunderbar. Es gab bestimmt einige, die von außen neidvoll auf uns blickten, aber mir gab es nichts zu neiden.

Die Bilder von damals bezeugten dies.

Ständig war man ihm auch nicht gut genug, ich war ewig fett, obwohl ich Kleidergröße 36 trug, ich hatte die Haare nicht so, wie er es mochte, obwohl sie lang und schön waren, immer war man seinen Beleidigungen ausgesetzt. Eines Tage zeigte er mir ein Foto, dass im Bikini von mir gemacht wurde, und er meinte, wie fett mein Hintern wieder mal geworden wäre.

Daraufhin begann ich mit einer Diät, wohlgemerkt gestartet mit einer Kleidergröße 36. Ich fing an akribisch Kalorien auswendig zu lernen und nichts kam mehr in meinen Mund, dass nicht vorher gewogen und kalorisch ausgewertet wurde. Ich aß nur noch sehr wenig und ich hatte Gefallen daran gefunden, endlich etwas kontrollieren zu können.

Endlich war ich über einer Sache Herr geworden. Wenn es auch nur das tägliche Essen war. Ich ereiferte mich darin und die Kilos purzelten nur so runter. In dieser Zeit blühte ich etwas auf, ich hatte eine Beschäftigung gefunden, die ICH kontrollieren konnte. Etwas, was man mir nicht wegnehmen konnte.

Ich hatte es komplett in der Hand. Nichts, aber auch gar nichts sonst in meinem Leben hatte ich in meiner Hand. Ich hatte alles abgegeben.

Aber natürlich war diese Diät eine Sackgasse. Ich startete schon mit unterem Normalgewicht und endete im kritischen Untergewicht. Mit einem BMI von 17 hörte ich dann endlich auf, ich war nur noch ein Strich in der Landschaft. Da ich sehr groß bin, glaubten viele, ich würde sehr viel Sport treiben.

Im Nachhinein war mir bewusst geworden, dass ich haarscharf an einer Magersucht vorbeigeschrabbt war. Ich war so mit meinem Unterfangen beschäftigt und beflügelt, dass ich auf nichts anderes mehr achtete.

In dieser Zeit geschah etwas gänzlich Sonderbares: ich sah einen Film, der von zwei Frauen handelte, wo sich eine davon ungefähr in der gleichen Situation befand wie ich. Die eine Freundin war stark und frei, die andere unsicher, schwach und hoffnungslos und hatte einen Gewalttäter als Partner. Eines Tages packten sie ihre Taschen und wollten ursprünglich nur übers Wochenende wegfahren.

Leider passierte ein Unfall in dieser Geschichte, der einer der beiden als Mord ausgelegt wurde, so wurden sie von der Polizei gesucht, und im Showdown fuhren beide Frauen mit Vollgas eine Klippe hinunter. Lieber wollten sie gemeinsam sterben, als zurück in ihre Gefängnisse gehen. Irgendetwas machte Klick in mir.

Dieser Film berührte mich ganz tief. Er löste zum allerersten Mal in dieser unsäglichen Beziehung etwas in mir aus. Ja, lieber wollte ich auch sterben, als dieses Gefängnis weiter auszuhalten. Ein kleines Steinchen begann nach diesem Film zu rollen. Es war eine Wendung eingetreten. Nie zuvor hatte ich auch nur einen einzigen Gedanken an Trennung, an ein Verlassen dieser Situation. Ich musste natürlich alles mit mir selber ausmachen, ich vertraute mich niemandem an und so ratterten von da an meine Gedanken. Sie waren noch sehr unsortiert und auch sehr unklar und undefiniert. Aber etwas gänzlich Neues war in mir gesät.

Man kann sich gar nicht vorstellen, wie tief so ein Beziehungssumpf sein kann, aber zum ersten Mal war in diese Finsternis ein winzig kleiner Sonnenstrahl gedrungen. Ich wusste bis dahin nichts vom Licht. Es gab für mich nur die reinste Finsternis. Und natürlich musste noch einiges an Zeit vergehen, es war ein langer Wachstumsprozess, den man leider durch nichts abkürzen konnte. Bis wirklich der Punkt erreicht ist, wo du wie ein Wurm zermalmt auf dem Boden liegst, du nur noch ganz flach und kurz atmest, du absolut fertig mit dieser Welt bist, du keinen Grund mehr siehst, hier weiter zu machen, du fast keine Kraft mehr hast, den nächsten Schritt zu setzen, vergeht leider eine sehr lange Zeit.

Und plötzlich lag etwas lag in der Luft, es roch nach Freiheit, es war ein verführerischer und süßer Duft, ich nahm viel mehr bei anderen Menschen wahr, wie sie frei und selbstbestimmt ihr Leben führten. Wie sie ihre Entscheidungen selber trafen, ich bewunderte Menschen, die sogar ganz ohne Partner ihr Leben führten. Und das sogar noch sehr gut und gelungen. Wie ich sie beneidete.

Und ich war ja auch keineswegs schwach, ganz im Gegenteil, ich war immer eine Frau der Tat, ich machte meine Arbeit gut, ich war nicht dumm und ich war dem Leben aufgeschlossen. Aber eine derart destruktive Beziehung raubt einem fast alles. Die Luft zum Atmen, seine eigenen Gedanken, seine Wünsche und Träume. Auf der physischen Seite raubte er mein selbst verdientes Geld. Er bediente sich an allem, was mich ausmachte und besaß. Es gehörte alles ihm, so war sein Denken. Und wenn man auch nur ansatzweise daran dachte, etwas für sich zu beanspruchen, dann musste man nicht lange auf die Strafe warten. Man existierte nur noch auf dem Papier. Im realen Leben war man ein wandelnder Zombie. Blutleer, ohne Träume, ohne Erwartungen, ohne eigene Wünsche.

Und genauso gefällt dies den psychopathischen Partnern. Sie verstehen gar nicht, was du meinst und willst, wenn du etwas für dich beanspruchen willst und sei es eine komplett unwichtige, kleine Sache. Sie sehen dich auch nicht als eigenständiges Wesen, dass vielleicht komplett andere Dinge im Leben als wichtig erachtet, das ganz eigene Gedanken und Vorstellungen von dieser Welt hat. So eine Vorstellung gibt es in seinem Verstehen nicht. Sie haben nur sich selber im Blickfeld und du bist die Zapfsäule, an der sie volltanken, die Brust, die sie ernährt.

Egal in welchem Lebensabschnitt du dich befindest, wenn du das Wesen einer psychopathischen Beziehung nicht kennst und verstehst, wird es dich viel Lebenszeit kosten, bis endlich dieser alles erhellende Lichtstrahl in diesen Sumpf fällt und du das allererste Mal etwas Hoffnung spürst. Hoffnung, dass es vielleicht doch noch etwas anderes da draußen geben mag, als diesen zerstörerischen Zustand.

Und dass nicht ER der Leidende ist, sondern DU.

Ein Lichtstrahl ist der erste Hoffnungsschimmer. Es ist sehr wichtig ihn wahrzunehmen, aber er reicht noch lange nicht aus, dich gleich und sofort aus dieser wirklich misslichen Lage zu befreien. Aber man kann sagen, ab hier geht es aufwärts. Du fängst an ganz kleine Schritte in dein eigenes Leben zu gehen, Schritt für Schritt. Der Duft der Freiheit betört dich und du kannst ihn auf der Zunge spüren. Es ist ein leiser erster Geschmack, der dich nicht mehr loslässt. Und genau zu dieser Zeit wird er gesetzt: Der „point of no return". Du weißt noch nichts davon, dass wird einem erst oft sehr viele Jahre später klar. Ab jetzt geht es ins Licht. Ich fing in der Beziehung an, mir immer weniger gefallen zu lassen, ja im Außen wurden die Strafen sogar schlimmer. Einmal im Auto, es gab wieder eine Diskussion über mein Verhalten, wollte er mich wieder schlagen. Ich provozierte ihn mit Absicht, dass er es doch machen sollte. Zwei Wochen lang lief ich mit einem blauen Auge durch die Gegend. Ich hatte mir eine sehr glaubwürdige Erklärung dafür zurechtgelegt. Und das Schlimme war, alle glaubten mir. Keiner fragte nach.

So weit war ich noch nicht, zu mir zu stehen und jedem die Wahrheit ins Gesicht zu sagen. Ich war am Anfang. Schritt für Schritt versuchte ich mir mein gestohlenes Leben zurückzuholen. Ich kaufte mir die Klamotten, die mir gefielen, ich ging zum Friseur, ich kam nicht direkt von der Arbeit nach Hause. Alles sehr zum Missfallen meines Partners. Was war plötzlich mit ihr geschehen? Er hatte wirklich richtig Mühe mich maßzuregeln, mich wieder in die alte Form zu pressen. Nur in diese Form passte ich nicht mehr, da konnte er tun und lassen, was er wollte. Die Lichtstrahlen in meinem finsteren Kämmerlein wurden mehr und mehr.

Ein Psychopath will keinen selbst Denkenden, selbst"bewussten" Menschen, er möchte einen gehorchenden Sklaven, der sich fügt, alles tut, was verlangt wird und seinen Mund hält.

Eines Sonntagmorgen, er bekam wieder nicht das, was er wollte, kniete über mir und fing an mich zu würgen, ich dachte mir, jetzt hat für mich die letzte Stunde geschlagen, ich konnte mich nicht befreien, zu tief drückte er mich in die Kissen, ich bekam keine Luft mehr, ich konnte nicht mal mehr schreien, mein Kehlkopf war zugeschnürt. Ich hatte wirklich richtige Todesangst. Im allerletzten Moment ließ er plötzlich ab von mir. Mit starken Kehlkopfschmerzen und Würgemalen stürmte ich die Treppe hoch und verbarrikadierte mich in einem Zimmer. Ich taumelte zum Fenster, rang noch nach Luft, war vollends schockiert und in dem Moment realisierte ich glasklar, ich muss weg hier. Egal wie, egal wann, egal unter welchen Umständen, ich musste weg hier. Jetzt war ich die längste Zeit hier gewesen. Es gab kein Zurück mehr.

Ich hatte aber noch keinen Plan, ich wusste gar nichts, nur dass ich das hier beenden musste. Seine jahrelangen Drohungen mir gegenüber, wenn ich auch nur im Traum daran dächte, mich zu trennen, kamen mir in dem Sinn. Er wollte zuerst meine Familie ausrotten, dann mich und dann sich selber umbringen. Eine seiner scheußlichsten Aussagen eines Tages, die mich bis ins Mark erschütterte und erschauderte, war, dass er sowieso einmal sehen wolle, wie ein Mensch stirbt. Mir fiel nichts mehr dazu ein. Und mit diesem Monster war ich zusammen? Was machte ich überhaupt noch hier? Ich war mit einem Monster liiert, ein Monster, das mich tagtäglich quälte, mir drohte und mir meine Freiheit nahm, mir alles raubte und mich krank werden ließ.

Meine Gedanken waren: entweder sterbe ich hier in dieser Beziehung oder ich sterbe, wenn ich gehe. Und wenn ich bei der Trennung tatsächlich sterben würde, dann hatte ich es wenigstens versucht. Ich konnte im Grunde nichts verlieren, und im besten Fall konnte ich meine Freiheit wiedererlangen. Ich konnte mein Leben zurückgewinnen. Denn dies hier war kein Leben, es ist eine Hölle.

Zum allerersten Mal zeigte sich mein nackter Überlebenswille, der blutleere, hoffnungslose Zombie verwandelte sich wieder einen Menschen. Ich hatte Hunger nach Leben. Ich wurde kämpferisch: Dann sollte er doch die ganze Welt umbringen, ich wollte es wenigstens versucht haben, das war ich mir schuldig. Ich wollte Kinder, eine Familie, das war doch hier alles nicht machbar. Unmöglich in dieser destruktiven Beziehung an Kinder zu denken. Was, wenn er sie dann auch schlug, nein, soweit durfte es nicht kommen. Schlussendlich würde er mich noch zur Mörderin machen, und das durfte nicht passieren.

So waren meine Gedanken. Ich war noch geschockt und betäubt von dieser schlimmen Attacke, aber gleichzeitig stieg ein leises, gutes Gefühl in mir auf. Ich wusste nicht, woher es kam, aber es war wohlig und warm. Meine Gedanken fühlten sich richtig an. Das erste Mal, wo ich überhaupt einmal an mich dachte. Nur an mich. Bis jetzt waren meine Entscheidungen immer komplett von ihm abhängig gemacht worden. Nichts wurde durch mich und für mich entschieden. Ich war ja bis jetzt nicht existent.

Diese Gedanken an diesem Tag waren nur mit mir beschäftigt. Diese Situation war komplett neu für mich. Fast zehn Jahre lang hatte ich das Leben eines anderen gelebt. Tag für Tag rauben Sie einem mehr und mehr die Freiheit, unmerklich und freiwillig schenkst du sie einem anderen. Seine Gedanken wurden zu meinen, seine Vorlieben mussten zu meinen werden, seine Entscheidungen kaperten meine, mein Geld wurde zu seinem Geld, alles stülpte er über mein Leben. Alles nahm er mir. Und nun war der Moment gekommen, wo ich mir schrittweise mein Leben zurückholte. Es war wirklich kein einfacher Weg. Wenn man vor dieser Beziehung noch ein Kind war und am Ende dieser Beziehung immer noch ein junger Mensch, woher sollte ich denn Erfahrungen hernehmen, wo konnte ich mir selber etwas raten, woher konnte ich die ganze Kraft nehmen? Ich hatte mich ja niemandem anvertraut, somit hatte ich keinen Ratgeber, der mir zur Seite stehen konnte, auch konnte man zu der damaligen Zeit nichts über solche Beziehungskonstellationen lesen. Ich wusste gar nichts. Was da in mir war, war ein bloßer Überlebenswille. Nicht mehr. Ich wollte leben. Ich wollte mein eigenes Leben leben. Ich wollte meine Entscheidungen treffen, und wenn sie noch so falsch gewesen wären.

Ich hatte keine Erfahrung darin. Ich wusste nicht, wie ein eigenes Leben aussehen konnte. Es war nur Geschmack, den ich spürte, wenn ich Filme schaute oder auf zufriedene Paare oder Menschen schaute. Ich war lebenshungrig und ich wollte überleben. Auf jeden Fall wollte ich weg. Weg aus dieser zerstörerischen Beziehung.

Ich durfte mir aber natürlich nichts anmerken lassen. Er durfte meine Gedanken nie erfahren. Unter keinen Umständen durfte er auch nur ansatzweise erahnen, was ich nun vorhatte. Diese Gedanken waren von nun an mein heiliger Schatz.

Ich kam mir vor wie in einer Zwangsweste, wo sich die ersten Fäden lösten, nach und nach. Einerseits ist man noch immer gefangen, auf der anderen Seite, kann man seine Finger etwas bewegen und mit jeder Bewegung reißen immer mehr Fäden. Und mit jeder Bewegung, die nun stattfinden konnte, spürte man mehr und mehr die Freiheit. Und es machte Lust auf mehr.

Wie gesagt, ab diesem Zeitpunkt gab es kein Zurück mehr. Ich begann mich in dieser Zeit auch mehr zu spüren, endlich hatte ich ein Ziel vor Augen, nichts konnte schlimmer da draußen und in Zukunft sein, als das, was ich hier aushalten musste. Nichts könnte mich schockieren oder aus der Bahn werfen, zu viel hatte ich hier in dieser Beziehung erlebt. Es konnte nur besser werden. Das Leben wartete auf mich.

Wir waren zu der Zeit gerade am Haus renovieren, mein Vater half fleißig mit, weil er das für selbstverständlich hielt. Und wenn jemand kostenlos seine Hilfe anbot, da griff mein Partner natürlich gerne und beherzt zu. Es tat mir weh zuzusehen zu müssen, wie mein Vater das Haus verschönerte und ich wusste bereits, dass es hier keine Zukunft für mich gab, dass es hier für mich nicht weiterging. Dass er das Haus für ein Monster renovierte, von dem ich mich bald trennen würde. Dass all seine Arbeiten eigentlich umsonst waren.

Aber mir waren sozusagen die Hände gebunden, ich konnte mich nicht erklären, ich durfte mein Geheimnis nicht lüften. Ich musste stillschweigend zusehen. Zu sehr kannte ich seine Ausbrüche, und so hätte ich mir meinen Abgang wahrscheinlich vereitelt.

Eines schönen Nachmittags war eine Freundin bei mir zu Besuch. Wir saßen im Garten im Gras und für einen unbeobachteten Moment konnte ich nicht anders und ich musste mich ihr öffnen. Ich werde mich trennen, stieß es aus mir heraus, ich dachte gar nicht darüber nach, was ich hier tat.

Ich war auch über mich erschrocken, weil ich es nun sogar schon anderen gegenüber aussprach. Meine Freundin schaute mich nur kurz an und meinte, dass sie das hätte kommen sehen, sie würde sich eher wundern, warum erst jetzt. Ich war erstaunt. Was war das?

Wusste irgendwer Bescheid was sich bei uns zuhause seit mehr als zehn Jahren abspielte? Ich wusste nichts davon. Aber anscheinend war es einfach sein absolut unerträgliches, schikanöses Verhalten mir gegenüber, wenn wir in Gesellschaft waren. Es wurde also getuschelt. Ich selber wurde nie, auch nur ein einziges Mal darauf angesprochen. An dieser Stelle möchte ich alle Leser dazu ermutigen, solch auffälliges Verhalten anzusprechen. Sich nicht fremdbeschämt abzuwenden und unkommentiert stehen lassen.

Es macht die ganze Sache noch schlimmer. Sehr wohl fällt einigen näheren Freunden auf, dass hier etwas grob nicht stimmt. Dass hier ein Verhalten an den Tag gelegt wird, dass mit einer normalen Beziehungskultur nichts mehr gemein hat.

Im Nachhinein betrachtet, war es generell das Schweigen, das diese unheilvolle Zeit so unerträglich in die Länge gezogen hat, mein Schweigen gegenüber meinen Freunden und meiner Familie oder auch gegenüber der Polizei, die ich in diesen Jahren zigmal hätte holen können.

Wenn du aus Scham und Angst es nicht wagst, die Wahrheit über deine Beziehung auszusprechen, dann macht es das Schweigen der Freunde auch nicht besser. Du befindest dich sowieso schon in einem immensen Zwiespalt, der dich an dich selber zweifeln lässt, angefeuert von den widerlichen Manipulationen deines Tyrannen an deiner Seite. Du weißt nicht, was gut und richtig ist, zumindest bist du immer im Zweifel.

Angesprochen durch meine Freunde, hätte ich vielleicht diese Zweifel früher zerschlagen können, aber da gab es keine Stimmen, da gab es keine Sichtweise von außen, die mir vielleicht hätten helfen können. Vielleicht auch aus dem Grund, weil sie ihn auf eine Art auch fürchteten, wie sich später herausstellte. Was einen auch nicht verwunderte. Letztendlich sind es nur Mutmaßungen und Interpretationen, aber dieses Buch soll aufrütteln. Es soll für Betroffene genauso aufrüttelnd sein wie für Angehörigen, die vielleicht schon seit einiger Zeit ähnliche Beziehungskonstrukte in ihrer unmittelbaren Umgebung beobachten. Letzten Endes und unterm Strich, muss man sowieso alles alleine schaffen. Niemand kann einem hier etwas abnehmen. Maximal unterstützend, kann man hier einem Betroffenen zur Seite stehen.

Nun saßen wir hier im Garten und ich hatte tatsächlich zum ersten Mal in dieser Beziehung einer anderen Person gegenüber verlautbart, dass ich mich trennen wollte, und dieser Schritt beflügelte mich weiter. Ich hatte mit einem schockierten Blick gerechnet, aber den bekam ich nicht, sondern ich erhielt sogar so etwas wie eine Bestätigung. Das tat mir natürlich unendlich gut, es beflügelte und befeuerte mich und meine Vorbereitungen konnten weiter getroffen werden.

Es war natürlich keine einfach Sache. Wie sollte so eine Trennung ablaufen? Ich wusste ja, wen ich hier an meiner Seite hatte. Meine Angst war riesengroß. Zu viele Drohungen, die er mir gegenüber in den letzten Jahren vorbrachte, machte er zur Wirklichkeit. Ich kannte ihn ja nun schon lange genug, und kein Tag verging ohne irgendeine Androhung.

Vor mir lagen wohl sehr heftige Monate. Ich musste eine günstige Gelegenheit abwarten, aber wann gab es die?

Welcher Psychopath gibt schon freiwillig seine Energiequelle her?

Ich war in seinen Augen sein absolutes alleiniges Eigentum, da gab es nichts zu verhandeln.

Vom ersten Tag an war das so. Jeglicher noch so kleiner Widerstand wurde im Keim erstickt. Und nun wollte ich mich dem entziehen? Ich wollte ihn fallenlassen? Ich wollte hier etwas für MICH tun? Ja, war denn das die Möglichkeit? Bei den Gedanken schnürte es mir die Kehle zu. Eigentlich war es unmöglich. Was tat ich nur hier? Ich konnte in der Nacht nicht schlafen, am Tage nichts mehr essen. Jeder einzelne Gedanke war mit meiner Trennung und den eventuellen Konsequenzen beschäftigt. Ich war zu etwas anderem nicht mehr fähig. Aber es gab kein Zurück mehr, zu viel war geschehen, zu sehr hatte ich schon gelitten und zu viel hatte er mir genommen. Es gab nur mehr ein Vorwärts.

Nachts lag ich wach und grübelte und grübelte. Welche Szenarien konnten sich abspielen? In Gedanken spielte ich alles Mögliche durch. Um mich machte ich mir keine Sorgen, ich würde schon gut für mich sorgen können. Aber IHN konnte ich überhaupt nicht einschätzen. Er war ein Pulverfass und ich wollte die Zündschnur zünden. Ich malte mir alle Horrorszenarien aus.

Wenn du zehn Jahre lang keine eigenen Wünsche haben darfst, keine eigenen Gedanken, keine eigenen Rechte, wenn du zehn Jahre lang ein guter Sklave warst, wie konntest du dann plötzlich hergehen und dich dieser Situation entziehen?

Ja, eine Trennung ist nie einfach. Das stimmt. Aber eine Trennung von einem Psychopathen ist ein wahnsinnig anstrengendes, kräftezehrendes, mitunter auch gefährliches Unterfangen. Man geht da nicht so einfach. Nein. Viele Jahre und viel Energie verwenden sie dafür, dich heranzuziehen, dich zu züchtigen, dich zu untergraben, all deine Lebensbereiche zu infiltrieren, dich mit jeder Faser zu binden, dich unmündig und mundtot zu machen, um dich dann einfach gerade mal so gehen zu lassen? Nein, das tun sie nicht.

Sie brauchen dich zum Leben, zum Überleben, sie brauchen dich, wie die Luft zum Atmen, sie hängen an dir wie an einem Tropf, der ihnen das Leben erst ermöglicht. Sie werden alle Register ziehen, um dir eine Trennung unmöglich zu machen. Mir war bewusst, dass er nichts unversucht lassen würde, mir diesen Zahn des Trennungswunsches zu ziehen. Die Tage vergingen und ich hatte nicht wirklich einen Plan. Ich hatte nur eines: die Gewissheit, dass es kein Zurück mehr geben konnte.

So kam es an einem schönen Sommertag im Juli, wo ich mir eine neue Haarfarbe zulegen wollte, ich besorgte mir in der Drogerie eine Packung, die ich zuhause erstmal in der Küche ablegte. Ich hatte an diesem Tag nichts Besonderes geplant und dann kam doch alles anders.

Heimgekommen von der Arbeit sah ER meine Haarfarbe auf dem Küchentisch und meint zu mir, was das wohl solle. Ich ahnte schon wieder, was nun kommen würde. Ich meinte nur lapidar, dass ich gerne mal meinen Haarton ändern wolle, mehr nicht. Nun, ich hatte ihn vorher nicht gefragt und beim Einkauf war er auch nicht dabei. Wie konnte ich nur? Somit landete die Packung neben mir im Mülleimer. Ich war natürlich stinkwütend, warum sollte ich nicht einmal das Recht besitzen, meine Haare so zu tragen, wie es mir beliebte. Dann stieß es plötzlich aus mir heraus, ich konnte nicht mehr anders. Der Moment war gekommen. Diese Haarfärbepackung war also der Auslöser. Wer hätte das gedacht? Aber mein Maß war so dermaßen voll, ich konnte und wollte einfach nicht mehr.

Die Wochen zuvor wusste ich nicht, wann und wie und wo würde ich wohl das Gespräch zur Trennung aufnehmen können. Nun war es da. Es war soweit. Ich saß am Küchentisch und sagte zu ihm in einem ruhigen Ton, dass mir das alles hier reichen würde, ich keine Lust mehr hätte und bei diesen ganzen Spielen nicht mehr mitspielen würde. Es war eine Premiere für mich, abgesehen von dem damals halbherzig geäußertem Trennungswunsch in den Anfängen unserer Beziehung. Ich war sowas von fertig mit ihm und bereit für eine Trennung.

Er verstand die Welt nicht mehr, er konnte anscheinend seinen Ohren nicht trauen, mein Herr und Meister wurde von mir angegriffen und zurückgewiesen? Hier stimmte etwas nicht. Zuerst fehlten ihm die Worte und er schien mich gar nicht ernst zu nehmen. Erstarrt hielt er mich fest im Blick und zeitgleich ziemlich ungläubig. Ich aber ergriff nun diese Gelegenheit beim Schopfe und war nun in meinem Eifer das Trennungsgespräch herbeizuführen.

Wenn nicht jetzt, wann dann? Erstaunt fragte er mich, was das Ganze wohl soll und was in mich gefahren sei. Ich holte etwas aus, sagte ihm, dass ich diese Beziehung nicht mehr aushalten würde, dass ich darauf keine Lust mehr hätte und das es wohl besser sei, wenn ich gehen würde. Ich will und kann nicht mehr, das waren meine Worte.

Das hatte gesessen. Was war plötzlich mit ihr geschehen? Diese Situation wirkte surreal. ER war es bis jetzt, der den Ton angab, ER gab vor, was zu tun war und was nicht, und nun das? ‚Sie übertreibt nur mal wieder, sie kriegt sich bestimmt gleich wieder ein'…ich konnte regelrecht seine Gedanken lesen. Wie ein Tiger im Käfig fing er plötzlich an, in der Küche auf und ab zu laufen und konnte mir nicht so recht glauben und ich merkte, wie ihn so nach und nach eine Panik befiel, nachdem ich meine Worte mehrmals glaubhaft wiederholte. Ich wich nicht von meinem Unterfangen ab. Ich nahm mir vor, egal was er ab jetzt zu mir sagte, womit er mir kommen würde, womit er mir drohen würde, dass ich felsenfest bei meinem Trennungswunsch bleiben würde.

Ich verstand seine Ungläubigkeit, selbst in *normalen* Beziehungen ist man zunächst geschockt, wenn plötzlich der Partner von Trennung spricht. Man braucht seine Zeit, um diese Worte überhaupt erstmal im Kopf ankommen zu lassen. Ich gab ihm diese Zeit. Ständig wiederholte er leise und mit starrem Blick meine Worte, und ständig fragte er mich, ob das nun wirklich mein absoluter Ernst sei. Und wiederholt gab ich ihm zu verstehen, dass ich hier keine Show abziehe oder einen schlechten Tag habe, sondern dass es mir hier todernst ist und ich die Trennung wollte.

Die Haarfarbe lag noch immer im Mülleimer. Ich bemerkte wie ich schon in meinen Trennungsgedanken weit fortgeschritten war. Ich sah mich schon in einer anderen Stadt, in meiner eigenen, ersten kleinen Wohnung mit einem neuen Job. Er hingegen hing noch an meiner Brust und wollte so ganz und gar nicht abdocken. Warum sollte er das auch tun?

Es verging über eine Stunde, in der ich ihm wiederholt erklärte, dass es mir leid tue, aber dass ich bei meiner Entscheidung bleiben würde. Dass es mir schon sehr lange nicht gut ginge. Nachdem er allmählich so nach und nach begriff, dass ich es wohl doch ernst meinte, verzog er sich mit einem Mal heulend ins Schlafzimmer. Was passierte da? Noch nie zuvor hatte ich diesen Menschen in diesen 10 Jahren weinen sehen. Ich kam ihm hinterher. Er war komplett out of Order. Die Zügel entglitten ihm, ich wollte ihm die Brust nicht nur verbieten, ich wollte sie ihm wegnehmen.

Im Schlafzimmer setzte ich mich zu meinem Schminktisch und die Diskussion ging weiter. Ich wollte das hier und heute durchziehen. Bis zum bitteren Ende. Ich wollte heute noch dieses Haus hier mit einem gepackten Koffer, der mir für die ersten Tage reichen sollte, verlassen. Für mich gab es keinen einzigen Grund mehr, in dieser Beziehung, in dieser Umgebung zu bleiben.

Dann sagte er etwas, was mich total schockierte, ich konnte es nicht fassen! Er meinte, ich hätte ihn dann wohl die ganzen letzten 10 Jahre angelogen, ich würde ihn überhaupt nicht lieben, ich hätte ihm nur etwas vorgemacht! Wie bitte?! Ich gab 10 Jahre lang mein letztes Hemd, ich kämpfte, ich litt, ich machte immer wieder weiter, ich litt wieder, ich entwickelte eine faustdicke Angststörung, ich schlitterte an einer Magersucht vorbei, immer wieder verzieh ich ihm und rechtfertigte seine Ausbrüche. Niemals schwärzte ich ihn irgendwo an, niemandem erzählte ich von meinem Martyrium zu Hause, niemals rief ich die Polizei, obwohl es an Gelegenheiten nicht fehlte, sogar in Schutz nahm ich ihn noch, wenn von außen Verdacht geschöpft wurde, und dann musste ich mir sagen lassen, dass ich ihn 10 Jahre lang nur etwas vorgemacht hätte?! Unzählige blaue Flecken am ganzen Körper, die wenn sie sich auflösten sofort durch neue ersetzt wurden, ein blaues Auge, Würgemale...Ich musste tief durchatmen. Welcher Mensch saß hier vor mir?

Hier sieht man ganz deutlich, dass eine psychopathische Struktur überhaupt nicht mit seinem Geiste erfassen kann, was er anrichtet. Er hat absolut kein Gespür dafür, welche verbrannte Erde er hinterlässt. Er merkt nichts, er merkt überhaupt nichts. Er versteht deine Tränen nicht, er versteht deine Qual nicht, er versteht nicht, warum dir seine Ausbrüche so nah gehen, er ist komplett von jeglicher Empathie abgetrennt. Diese Fähigkeit besitzt er einfach nicht. Ich hatte Situationen, da versuchte ich mit aller Gewalt ihm eine Emotion zu entlocken. Wir konnten die traurigsten und schaurigsten Filme schauen, teilnahmslos saß er da und knabberte seine Chips.

Seine Gefühlswelt, sein Gewissen lagen irgendwo tiefgefroren bei minus 200 Grad. Du erreichst keine Psychopathen mit deiner Qual, deinen Schmerzen und Tränen. Er kennt nur seine eigenen und die gibt es sehr wohl, ich vermute jeden Tag quälen sie ihn. Er ist ein Getriebener, ständig muss er gefüttert werden, ständig braucht er Dinge von außen, die ihn nähren. Alles dreht sich um seine Energiezufuhr und die Menschen in seinem Umfeld missbraucht er genau dafür und für nichts anderes.

Nun zu seiner Aussage fehlten mir jegliche Worte. Wie konnte ich ihm jetzt in wenigen Sätzen erklären, was mich nun endlich zur Trennung bewegte? Jeder Satz war sinnlos, sie prallten an ihn ab, er konnte sie nicht verstehen. Heute sollte aber auch nicht der Tag der großen Erklärungen sein, bis zum Erbrechen hatten wir die letzten Jahre Diskussionen, Streits und Tränen.

Ab heute sollte nun Schluss damit sein. Ich wollte ihm gar nichts mehr erklären. Ich war der ganzen Sache sowas von überdrüssig. Ich wollte nur noch weg. Und zwar auf dem schnellsten Wege. Unbeirrt in meiner Meinung setzte sich unser Diskurs fort. Mit einem Mal meinte er, es gäbe jetzt genau zwei Möglichkeiten. Entweder ich würde jetzt und sofort meinen Trennungswunsch zurücknehmen und alles wäre wieder wie vorher oder ich solle sofort gehen!

Na endlich, dachte ich mir, er hat es kapiert. Ich weiß gar nicht, warum ich mich überhaupt auf eine lange Diskussion eingelassen hatte, mir hätte vorher klar sein müssen, dass dies hier nur eine Sackgasse sein konnte. Aber ich griff seine Ansage auf und meinte zu ihm, gut, dann werde ich jetzt meine Koffer holen, ein paar Sachen packen und gehen. Ich stand auf, ging in das obere Stockwerk, wo sich die Koffer befanden und wollte gerade anfangen zu packen, da hörte ich unten lautes Getöse, Geschrei, Geheule und Jammern. Was war da los? Ich lief nach unten und traf ihn in der Waffenkammer, ein kleiner, abschließbarer Raum, der sich neben der Küche befand.

Er hantierte am Tresor rum, wo sich die Munition befand, hantierte mit einer Waffe und schrie, wenn das alles so wäre, dann hätte alles keinen Sinn mehr und er würde sich nun das Leben nehmen. Ich war natürlich außer mir. Und ich hatte Angst. Sollte er doch machen, was er wolle, wenn ich weg war, aber bitte nicht vor meinen Augen. Es war genau die Situation, die ich befürchtete. Ich versuchte ihn zu beruhigen, und dann machte ich in meiner Not etwas, was ich absolut nicht vorhatte. Ich nahm meinen Trennungswunsch zurück, in meiner Panik sagte ich ihm, dass ich das alles doch nicht ernst meinte und dass ich nicht gehen würde. Alles wäre gut und ich wüsste nicht, was mich eben geritten hätte! Es war natürlich alles nur erstunken und erlogen. Es war eine reine Aussage der nackten Panik.

Natürlich wollte ich weg, natürlich wollte ich die Trennung und natürlich hatte ich es mir nicht anders überlegt. Aber ich musste in dieser Situation deeskalieren, ich wollte kein Desaster provozieren. Und vor allem wollte ich nicht Zeuge davon werden.

Er beruhigte sich unverhofft sehr schnell, er glaubte mir jedes Wort und packte seine Waffen wieder weg. Tatsächlich nahm er mir jedes Wort ab. Ein Stein schien im vom Herzen zu fallen. Hingegen in meinem Inneren zerbrach alles, was hatte ich nur getan! Im ersten Moment war ich natürlich froh, dass sich die Situation wieder beruhigte, aber nach kurzer Zeit, nachdem er sich wieder gut fühlte, verfiel ich immer mehr und mehr. Ich war wie in einer Zwischenwelt gefangen, wie konnte das nur passieren, was hatte ich falsch gemacht? Warum gelang mein Vorhaben nicht? Ich konnte die ganze Nacht nicht schlafen, was war hier geschehen? Gab es für mich tatsächlich kein Entrinnen? War mit diesem Menschen keine Trennung möglich? Musste ich hier bis an mein bitteres Ende ausharren? Mir schnürte sich die Kehle zu und alles schrie in mir auf. Ich wollte, weg, weg, weg. Aber wie?

Mein großes Vorhaben war mit Ach und Krach verheerend gescheitert. Ich hatte alles falsch gemacht. Genauso sollte es nicht ablaufen!

Was konnte ich nur tun? Am nächsten Morgen schien die Sonne und um mich war alles dunkel und in meinem Inneren brannte die Hölle, meine Kehle schnürte sich mehr und mehr zu und ich fühlte mich eingesperrter als jemals zuvor. Als ob Eisenketten an mir hingen, die ich bei jedem Schritt hinter mir herziehen musste. Es war ein Alptraum. Einen Tag zuvor war ich noch so euphorisch und wollte meinen Schritt der Schritte machen, ich wich während unseres Gespräches nicht eine einzige Sekunden von meinem Vorhaben ab, ich wollte es gnadenlos durchziehen und was war in Wirklichkeit passiert? Alles ging schief. Es schien für eine kurze Zeit als ob sich die Türe meines goldenen Käfigs öffnete, ich spürte schon meine Freiheit, ich sah das Licht am Ende des langen, dunklen Tunnels, nie zuvor in dieser Beziehung war ich jemals so weit gekommen, niemals zuvor hatte ich so klipp und klar meinen Trennungswunsch geäußert und „durchgezogen". Und nun schlug diese Türe meines Käfigs wieder krachend zu und obendrein waren noch Eisenketten daran montiert.

Niemals hätte ich mir so ein Ende ausgemalt. Aber was hatte ich mir nur gedacht? Das ich einfach mal geradeso aus der Türe raus spaziere? War ich denn bescheuert? Kannte ich ihn den nicht schon gut genug über diese lange Zeit, sodass mir klar sein musste, dass das absolut unmöglich war? Wie konnte ich so naiv sein? Wie konnte ich nur glauben, dass er mich einfach so gehen ließ? Was hatte ich mir nur gedacht? Ich konnte ihn nicht mit anderen vergleichen, mit „normalen" Menschen, die sich trennen. Ja, auch hier gibt es Tränen, Wut und Schmerz. Aber eine Trennung ist immerhin möglich, auch wenn sie für beide wehtut. Aber hier bei mir hatte ich es mit etwas anderem zu tun. Ich denke, keine Ratschläge einer Freundin oder Tipps aus Ratgebern hätten mir tatsächlich etwas in meinem Vorhaben gebracht. Ich war schlicht und ergreifend in keiner „normalen" Beziehung, ich steckte in einer absolut kranken Beziehung.

Er bedrohte mich also mit seinem Selbstmord, sobald ich mich von ihm trennen würde. Soviel hatte ich jetzt dazugelernt.

Ja, er kannte mich sehr gut. Ich war ein braves Mädchen und er wusste genau, welche Hebel und Schalter er drücken musste, um mich gefügig zu machen. Zu gut kannte er mich. Niemals würde ich das zulassen, und schon hatte er mich wieder in der Hand. In diesen nächsten Tagen ging es mir so dermaßen schlecht, dass ich keinen klaren Gedanken fassen konnte. Für mich schien keine Sonne mehr, ich spürte keine Wärme mehr, um mich herum war alles dunkel, kalt und tot. Ich war also sein Eigentum und wehe ich käme auf den Gedanken aus dieser unheilvollen Allianz einfach gerade Mal so auszusteigen. Diesen Zahn hatte er mir den Tag zuvor gezogen.

Ebenso eine große Angst war, dass ich meinte, dass er mit meinem Unterfangen nun alarmiert sei. Dass er nun vermuten müsste, dass ich aus der Beziehung tatsächlich raus mochte und somit noch härtere Restriktionen, Drohungen und Einschränkungen folgten. Aber wie sich später herausstellte, war diese Befürchtung tatsächlich und auf unglaubliche Weise total unbegründet. Er ging von einem Moment auf den anderen zur normalen Tagesordnung über. Kein Wort wurde mehr darüber verloren. Er fragte mich nichts, er wollte keine Erklärungen, alles war wieder in Butter für ihn.

Der nächste Tag begann, ich stand auf und meine Gedanken kreisten und kreisten. Was konnte ich nur tun? Meine Lage schien mir noch bedrückender, verfahrener, schlimmer und auswegloser als jemals zuvor. Litt ich nicht schon vorher genug? Ich hätte mir nicht gedacht, dass es noch schlimmer kommen konnte. Und nun war es genauso. Ich fühlte mich wie eine Fliege im Spinnennetz, komplett umwickelt mit seinen Fäden. Ich kam keinen Schritt vor und zurück. Was musste ich hier noch alles aushalten?

Ich wollte das alles nicht mehr. Ich hatte keine Kraft und keine Lust mehr. Ich war ein junger Mensch in der Blüte meines Lebens, ich hatte noch gar nicht richtig gelebt und ich fühlte mich dem Tode näher als dem Leben. Düstere Gedanken und Gefühle erdrückten mich. Er gab mir immer das Gefühl, dass ich einfach nichts, aber auch absolut gar nichts zu entscheiden hätte. Am liebsten hätte er mich noch jeden Schrittes getracked oder mir meinen Sauerstoff in Tüten abgefüllt um auch wirklich zu 100 % die Kontrolle über mich zu haben. Wie konnte ich auch nur die Überheblichkeit besitzen und IHN verlassen wollen, er musste wohl mein Vorhaben des Vortages als absolut wahnwitzige Idee und unter völliger geistiger Abwesenheit gesehen haben. Aber ich hatte mich ja wieder schnell eingekriegt und alles lief wieder in seinen geregelten Bahnen. Nur ich, ich war am Durchdrehen, was konnte ich nur tun?

....mit einem Mal wusste ich es! Ja genau, so musste es funktionieren! Ich musste ganz einfach meine Strategie ändern. Ich hatte es auf eine Weise probiert, die kläglich scheiterte, also musste ich es auf eine andere Weise probieren.

Nein, ich würde nicht aufgeben, und ich würde mich trennen, koste es was es wolle, ich würde aus diesem Moloch rauskommen, ich musste nur klug sein und wohlüberlegt handeln. Er wollte es nicht anders. Es funktionierte in dieser Beziehung anscheinend auch nicht anders.

Eine psychopathische Beziehung hat ein Alleinstellungsmerkmal und genauso musste die Trennung ein Alleinstellungsmerkmal aufweisen. Eine außergewöhnliche Beziehung zieht meist eine außergewöhnliche Trennung hinter sich her. Das allein war der Schlüssel.

Wenn ich nicht offen und auf normalen Wegen mich trennen kann, dann musste ich es verdeckt machen, ein sogenannter heimlicher Abgang, wenn es sein muss bei Nacht und Nebel! Mir blieb keine andere Möglichkeit.

Dieser Gedanke an diesem Morgen eines heimlichen Abgangs beflügelte mich, ich schöpfte wieder   Mut und konnte meinen

Blick nach oben richten. Ja, das könnte funktionieren, das musste funktionieren! Keine Diskussionen, kein Auseinandersetzen, keine Szenarien, keine Erklärungen, keine Drohungen, keine Eskalationen, einfach nur weg. Alleine. Ohne Ankündigung.

Ab jetzt konnte ich wieder atmen, im Grunde war ich ein freier Mensch, wer sollte mich daran hindern? Ich hatte nichts verbrochen, ich konnte hingehen, tun und lassen, was ich wollte. So zumindest war meine Lage von außen betrachtet.

Ich müsste vorsichtig sein und mein Vorgehen gut planen. Mir durfte kein Fehler passieren. Diesmal nicht. Ich hatte bereits einmal einen Fehler gemacht, ein zweiter durfte mir nicht passieren.

In mir stieg in diesen Stunden sehr viel Energie auf. Ich schöpfte wieder Mut und Hoffnung. Alle Trübsal, düsteren und schweren Gedanken lösten sich schnell auf. Mein Blick richtete sich wieder nach vorne und ich wurde wieder ein lebendiges Wesen. Ab dieser ‚goldenen‘ Stunde war jeder meiner einzelnen Gedanken nur noch mit meinem Abgang beschäftigt.

Für nichts anderes verwendete ich mehr meine Energie. Es musste perfekt ablaufen und zu 100 % wohlüberlegt sein. Ich durfte nichts vergessen!

Ich notierte mir Dinge, die wichtig waren, um meine Flucht nicht zu vereiteln. Ich hatte auch schon den perfekten Zeitpunkt im Auge.

Die Lage gestaltete sich so, dass es Sommerzeit war und ich mich gerade im Urlaub befand. Wir hatten mit den Schwiegereltern eine Woche Kroatien geplant und nach diesem Urlaub hatte ich noch eine Woche Urlaub, während ER schon wieder arbeiten gehen musste. Und genau in dieser Woche musste ich alle notwendigen Schritte erledigen, damit ich am Ende der Woche meinen Abgang machen konnte. Es kam nur ein einziger Tag in Frage. Und bis zu diesem Zeitpunkt musste ich alles minutiös und akribisch durchplanen. Genau an diesem Tage musste alles klappen, an diesen Tag musste alles bereitstehen und nichts sollte mich mehr daran hindern!

Der Urlaub in Kroatien lag mir sehr im Magen, da solche Tage für mich kein Urlaub waren, sondern stets ein Horrortrip. Aber ich hatte keine andere Möglichkeit, ich musste diese Tage noch überstehen. Ich durfte jetzt in keinster Weise auffällig werden, ich war ruhig, sehr gefällig und gefügig, so wie er es liebte.

Wenn ich alleine war in diesen Tagen, klärte ich verschiedene Dinge schon am Telefon, ich holte mir verschiedentliche Informationen ein, damit ich keinen Fehler machte. In diesen Tagen war kaum an Schlaf und Essen zu denken. Das allerwichtigste aber war, dass ich mein Geheimnis gut hüten musste.

Der Urlaub kam und ich musste mich sehr wundern, wie er meinen kurz zuvor verkündeten Trennungswunsch und unseren aufwühlenden Nachmittag mit Eskalation als krönenden Abschluss schon wieder verdaut hatte. Kein Wort verlor er mehr darüber, er legte sofort danach einen Schalter um und ging seelenruhig zur Tagesordnung über. Keine Frage stellte er mir, keine Bedenken äußerte er, kein Gespräch wurde mehr darüber geführt.

Er dachte sich wahrscheinlich, sie hatte wohl einen kleinen Aussetzer, nun funktioniert sie wieder und er müsste sich nicht mehr darum kümmern. In diesem Punkt sind psychopathische Menschen wirklich sehr naiv und dumm, da können sie in ihrem Leben noch so viel studiert haben. Da ihnen jegliche Empathie und Einfühlungsvermögen fehlen, sind sie absolut nicht in der Lage, solche Situationen, in der wir uns zu dem Zeitpunkt befanden, richtig einzuschätzen. Es fehlt ihnen jegliches Gefühl dafür, wie ein anderer nun eventuell fühle muss bzw. was in einem Mensch vorgeht, der einen absoluten Trennungswunsch vorbringt.

Als Beispiel zur Veranschaulichung: Ein „normaler" Mensch würde sich z.B. nach einem geäußertem Trennungswunsch seitens seiner Frau gründlich Gedanken machen, warum es nur so weit kommen konnte, er würde einiges dafür tun, die Gründe zu erfahren, er würde wissen wollen, wo er vielleicht Fehler gemacht hat, ob noch Liebe vorhanden sei, ob es eventuell jemand anderes in ihrem Leben gibt? Ein fühlender und liebender Mensch wäre zu 100 % alarmiert und würde alle Hebel in Bewegung setzen, diese Beziehung eventuell doch noch zu retten.

Aber was war hier der Fall? Nichts geschah, gefühls- und emotionsarm bemerkte er nur, sie funktioniert wieder, alles wieder im Lot. Weiter geht es.

Ganz das Gegenteil war aber der Fall. Mehr denn je wollte ich weg von diesem Monster.

Der Urlaub war da und wir fuhren nach Kroatien. Jeder einzelne Tag war wieder von Gängeleien und Quälereien bestimmt, so als ob es zuvor keinen massiven Streit über Trennung gegeben hätte. Er ließ seinem Frust wie immer freien Lauf. Für alles trug ich, wie immer, die Schuld, das Zimmer war nicht so, wie auf den Bildern, am Strand lag Müll, das Essen passte nicht, abends war es zu laut, und jede Unternehmung, und hatte ich noch so wenig Lust, bestimmte er und wehe ich wollte etwas anderes. Grausam waren diese Urlaube, da hatte ich zuhause noch mehr Ruhe, obwohl es die auch da nie gab.

Auf der anderen Seite spielte er mir natürlich, völlig unbemerkt von ihm, in die Hände. Zu jeder Stunde dachte ich mir, mach nur weiter so, du machst mir meinen Abgang mit jeder deiner Handlungen leichter. Jegliche noch so kleine Zweifel zerstreuten sich mehr und mehr mit seinem abartigen Verhalten. Im Gegenteil, sie bestärkten mich beständig und stetig in meinem Vorhaben. Nichts und niemand konnte mich mehr davon abhalten. Diesmal wird es gelingen. Dieses Mal werde ich es schaffen. Keinen Tag länger wollte ich in dieser Hölle verharren.

Ein goldener Käfig kann noch so golden sein, er ist und bleibt ein Käfig.

Als die paar Tage ‚Urlaub' endlich vorbei waren und wir die Rückreise antreten wollten, war er plötzlich verschwunden. Wir mussten schon auschecken, aber er war zur Türe raus, irgendetwas passte wieder nicht, und er war unauffindbar. Die Schwiegereltern wollten sich nicht darum kümmern, checkten aus und fuhren schon einmal vor. Ich machte das Zimmer fertig und machte mich daran, ihn in der Umgebung zu suchen. Ich fluchte auf der einen Seite in mich hinein, weil er mich immer und immer wieder solchen demütigenden Situationen aussetze. Es war alles reine Absicht. Das war mir natürlich klar. Demütigung meiner Person stand ganz oben auf seiner Agenda. Er wusste, dass er mich damit unter Druck setzte und das Gefühl liebte er. Ich musste immer unterdrückt werden und an meinem Leid weidete er sich dann. Das verschaffte ihm Freude. Stets musste er sich damit Autorität verschaffen. Ich lief den Strand entlang und ich bedankte mich innerlich bei ihm, Zweifel hatte ich schon lange keine mehr, mich von ihm trennen zu wollen, aber auch jegliche Angstgefühle zerstreute er nun in diesem Moment. Es war eigentlich ein sehr schöner Moment, ich war alleine, ich fühlte mich stark und ihm nicht mehr ausgeliefert. Sollte er doch bleiben, wo der Pfeffer wächst. Mit mir war es hier mit eines seiner letzten Spielchen, die er mit mir treiben konnte. Sollte er sich wen Neues dafür suchen, ich stand schon in wenigen Tagen nicht mehr zu Verfügung. Alles war ganz klar in mir. Nur noch ein paar Tage musste ich ausharren und ihn aushalten, ich durfte mir absolut gar nichts anmerken lassen, so suchte ich ihn weiter, er durfte an meinem Verhalten keine Veränderung erkennen. Als ich ihn endlich fand, musste ich ihm lange und gut zureden, bis sich Durchlaucht überreden ließ, die Heimreise anzutreten. Es war alles nur noch ekelhaft.

Im Auto hatte ich genügend Zeit den Ablauf meines Abgangs minutiös durchzugehen und zu planen. Ich hatte genau 4 Tage

Zeit, wo er am Arbeiten war und ich meine Dinge noch regeln konnte. Und auch hier musste ich vorsichtig sein, manche Punkte konnte ich erst kurz vor knapp erledigen, sonst wäre die Gefahr zu groß gewesen, dass jemand etwas an ihn herantragen könnte. Manchmal ertappte ich mich dabei, Angst zu haben, dass er auch nur irgendwie meine Gedanken lesen konnte, er hätte mich wahrscheinlich an Ort und Stelle gekillt. Aber dem war nicht so, solange ich im Außen seine treue Dienerin war, war seine kleine, kranke Welt in Ordnung.

Auf der Heimfahrt vom Urlaub mussten wir zwischen Slowenien und Kärnten, nahe der österreichischen Grenze tanken und dort hatte ich ein einschneidendes Erlebnis, dass ich irgendwie bis heute nicht vergessen kann.

Er war gerade am Tanken, da kam recht flott ein rotes Cabrio zur Tankstelle herangerauscht, eine hübsche blonde Frau stieg aus und tankte ebenso. Ich saß im Auto und beobachtete die Szenerie. Sie war in dem Moment der Inbegriff von Freiheit und Souveränität für mich. Sie war alleine unterwegs und so wie sie zurechtgemacht war, traf sie sich wahrscheinlich mit ihren Freunden um etwas trinken oder tanzen zu gehen, sie sah umwerfend aus, es war ein lauer Samstagabend im Sommer, die Sonne schien noch warm und alles stand in vollster Blüte. Sie tankte fertig, eilte in die Tanke, kam zurück und flitzte vor mir mit ihrem roten Cabrio die gewundene Straße davon. Wer war sie? Ich weiß es nicht, aber sie war eine Projektion, ein Sinnbild für mich, so sollte mein Leben auch werden, gutgelaunt, frisch und vor allem frei!

Ich saß im Auto am Beifahrersitz und war wie geflasht von ihr und von dieser Situation. Ja, genau so sollte auch mein Leben werden, unabhängig, frei und wunderschön. Niemals nie hätte ich mir in dieser Beziehung so einen Ausflug gewähren können. So unglaublich es klingt, es war einfach nicht möglich. Kein Mensch, der je in einer psychopathischen Beziehung seine Erfahrungen machen musste, kann sich nicht vorstellen, warum hier die Dinge so geschehen. Es ist einfach nicht nachvollziehbar.

Beflügelt von dieser Situation traten wir weiter unseren Heimweg an. Wenn er in diesen Momenten auch nur einen einzigen Gedanken von mir hätte lesen können...meine Anspannung stieg von Stunde zu Stunde. Meine größte Angst war, einen Fehler zu begehen, eine Unbedachtheit meinerseits und der ganze Plan würde vereitelt werden. Immer und immer wieder versuchte ich in Gedanken alle organisatorischen Dinge zu sortieren, ich durfte auch nichts vergessen. Woran musste ich alles denken? Im Nachhinein hatte ich keine Chance etwas zu korrigieren. Meine Flucht musste perfekt ablaufen, Punkt für Punkt musste ich erledigen und Schritt für Schritt musste ich vorgehen.

Zuhause angekommen, musste ich den nächsten Arbeitstag von ihm abwarten, damit ich gleich mit meiner Arbeit beginnen konnte. Als erstes packte ich doch tatsächlich gleich mal zwei große Koffer mit meinen Lieblingsklamotten, ich konnte leider nur einen begrenzten Teil meiner Kleidung mitnehmen, da meine Kapazität im Auto ja begrenzt war. Ich verstaute diese im hintersten Teil des Dachbodens und in meinem Kleiderschrank fiel es nicht wirklich auf, dass etwas fehlte. Ich rief bei verschiedenen Behörden an, ließ mir die unterschiedlichsten Abläufe erklären, holte mir Formulare für Versicherungswechsel, Autoabmeldung, Kontokündigung usw. Alles was ich jetzt schon erledigen konnte in der Nähe der heimischen Behörden versuchte ich gleich zu erledigen. Ich wusste ja nicht, wo es mich hin verschlagen könnte, wie weit musste ich gehen, und vor allem wie lange? Ich hatte keine Ahnung, alle Szenarien waren möglich und alles hätte ich dafür getan um dieser Hölle zu entrinnen. Und wenn ich nach Djibouti hätte gehen müssen. Und genau deshalb wollte ich ordentlich meine Hausaufgaben machen. Darin war ich wirklich gut, ich hatte mich immer um alles Bürokratische zuhause gekümmert und das wir mir jetzt von Nutzen.

Glücklicherweise gab es nirgendwo komische Nachfragen, wir lebten schließlich auf dem Land. Viele kannten sich einander. Ich musste natürlich die eine oder andere Notlüge auftischen oder mich in manchem Amt etwas dumm anstellen um an meine gewünschten Informationen zu kommen. Ich erhielt alles, was ich brauchte, ich konnte in Ruhe, während seiner Abwesenheit schon mal alle Formulare vorbereiten.

Ich durchforstete das ganze Haus, um nach Dingen Ausschau zu halten, die erstens mir gehörten und zweitens Sinn machten, mitgenommen zu werden. Ich hatte nicht viel Geld, ich konnte nicht großzügig in ein neues Leben starten, ich stellte mich auch darauf ein, vielleicht ein paar Wochen in meinem Auto leben zu müssen. Aber solche eventuellen Aussichten schreckten mich nicht. Decken mussten also mit, Waschzeug, meine Kleidung, meine Nähmaschine, sämtliche Unterlagen, die mich betrafen, Dokumente, Fotos, meine Bücher, Schuhe, Schreibzeug, etwas Bettwäsche, sogar an Besteck dachte ich, es kam einiges an Hausrat zusammen. Ich hatte nur einen normal großen PKW, ich musste klug überlegen und entscheiden.

Meine Situation gestaltete sich so, dass ich vor einem komplette Restart in meinem Leben stand. Ich hatte keine Ahnung, wohin mich meine Flucht führen würde, ich hatte überhaupt keine Ahnung, wo ich wieder Fuß fassen würde, wo ich arbeiten würde usw. Aber das machte mir nichts aus.

Ich bin generell eine sehr mutige Person, und es konnte nichts für mich schlimmer kommen, als die Hölle, die ich gerade im Begriff war, hinter mir zu lassen. Ich vertraute mir zu 100 %. Und ich machte mir auch keine Sorgen um mich, ohne ihn konnte nur alles besser werden.

Der letzte Tag vor meiner Flucht war gekommen, ich nahm mir vor, eine einzige Person in mein Unterfangen einzuweihen.

Erstens platze ich beinahe, weil ich immer alles mit mir alleine ausmachen musste, auf der anderen Seite brauchte ich wirklich Unterstützung. Wir trafen uns und kurz, knapp und bündig erzählte ich von meinem Unterfangen. Diese Person wollte mir helfen. Ich wollte sozusagen eine Verbindung zum alten Wohnort haben, denn sonst wüsste ich gar nicht, was hier nun nach meinem Abgang vor sich ging. Wie verhielt er sich, was wollte er unternehmen?

Ich bin dieser Person heute noch dankbar, denn sie hat mir mit mein Leben gerettet. Ja, es war nicht ungefährlich. Geheimnisse können für Menschen auch belastend werden und im Nachhinein würde ich es vielleicht nicht mehr machen, aber woher sollte ich wissen, was sich noch alles so ergab.

Die Stunden vergingen, alle meine Sinne waren geschärft, ich war so aufgeregt, an Essen und Schlafen war immer noch nicht zu denken. Ich musste nur noch wenige Stunden stillhalten, wenn er da war und Gas geben, wenn er weg war. Und vor allem durfte ich mir nichts anmerken lassen. Er durfte keinen Verdacht hegen, zuhause mussten die Dinge so liegen, wie sie immer lagen, ich musste mich so geben, wie ich mich immer gab, und meine Handlungen durften mich auch nicht verraten. Mit jeder Stunde wo mein Abgang näher rückte stieg meine Anspannung. Innerlich brodelte und kochte es in mir, mir war heiß und kalt zugleich. Es war meine einzige Chance, meine Allereinzigste.

Wenn ich diese Chance verbockte oder einen Fehler machte, war es das. Wenn er etwas gewittert hätte, und auch nur einen Funken davon geahnt hätte, hätte er mir sofort einen Strich durch die Rechnung gemacht. Denn es war genau das, was in unserer „Beziehung" niemals geschehen durfte, nämlich eine Trennung. Fast wöchentlich predigte er mir, dass ich nicht mal im Traum daran denken dürfe, mich zu trennen. Und darauf folgten dann wie immer seine Drohungen. Was er sich alles einfallen lassen würde, wenn ich es je wagen würde. Mit diesen ständigen Drohungen im Nacken plante ich nun tatsächlich hier und heute meinen Abgang in wenigen Stunden. Man kann sich gar nicht vorstellen, was diese jahrelangen Drohungen und Attacken mit einem Menschen machen. Sie verändern einen komplett.

Von dem Menschen, der zu Anfang der Beziehung warst, ist schon nach kurzer Zeit nichts mehr übrig.

Du lebst in einer abgeschotteten Parallelwelt, ja, du hast Kontakt nach außen, ja, du gehst arbeiten, ja, hast ein paar wenige Bekannte und dennoch hast du mit dieser Welt im Grunde nichts zu tun. Es ist dir jeglicher Schritt nur gewährt und der auch nur unter bestimmten Auflagen. Wehe dir, du verstößt auch nur gegen eine dieser Auflagen. Und diese Parallelwelt wird bestimmt von seinen Gesetzgebungen, von seinen Vorgaben, seinem Willen. Nichts geschieht hier, was nicht er vorgibt und er nicht möchte. Gar nichts. Du hast keine Chance. Du wehrst dich, ja, das tust du, aber du hast keine Chance. Du bist verzweifelt, kämpfst wie ein Tier, du willst ihn verstehen, aber es gibt hier nichts zu verstehen. Und aller Kampf ist umsonst, es ist verschwendete Energie. Mit den Jahren verfällst du, es gibt keine Vorwärts und kein Rückwärts, du steckst wie in einer Sackgasse in dieser Parallelwelt fest. Und das wird dir jeden verdammten Tag eingetrichtert mit den obligatorischen Drohungen seinerseits.

Du fragst dich tausendfach wie hier nur eine Trennung irgendwann mal möglich sein soll. Es ist Gehirnwäsche pur, die hier betrieben wird. Es ist so, dass du lange Zeit es nicht einmal auch nur für einen Funken in Erwägung ziehst, dich zu trennen, am Anfang liebst du auch noch, dieses In- und Miteinander verwachsen sein tut sein Übriges. Nach ein paar verzweifelten Jahren später, wo du schon psychische (von den physischen mal abgesehen) Schäden entwickelt hast, wird es auch nicht unbedingt leichter, eine Trennung zumindest einmal in Gedanken zuzulassen, deine Kräfte sind geschwunden, du bist resigniert, du bist nur noch damit beschäftigt, IHN irgendwie auszuhalten und die Fassade im Außen aufrecht zu erhalten. Es ist eine enorme Kraftanstrengung und sie wird jeden verdammten Tag von dir gefordert. Dies zehrt unheimlich an deinen Kräften. Du bist körperlich und psychisch ausgelaugt. Er hat dich genau da, wo er dich hin wollte. Denn genau das scheint sein Ziel zu sein, einerseits ein treuer, untergebener Diener, auf der anderen Seite aber zu schwach genug, um irgendwelche eigenen Ziele durchzusetzen. Es ist ein teuflisches Spiel. Aber es funktioniert.

Ich kann es nicht oft genug betonen, wenn ein Mensch, niemals nie in seinem Leben für eine längere Zeit ziemlich nahe mit einem Psychopathen oder Soziopathen zusammengelebt hat, kann dies nicht verstehen. Es ist nahezu unmöglich.

Und ja, es scheint ja alles so einfach! Ja, wenn er so war, warum bist du dann nicht gegangen?? Ja genau, warum bin ich nicht einfach gegangen? Weil du aus solch einem Konstrukt „nicht einfach gehst" – so einfach ist das. Vom ersten Tag dieser „Beziehung" wirst du in ein Spinnennetz eingewickelt, unmerklich, Faden für Faden wird um dich gelegt, es fühlt sich anfangs an wie Nestwärme und Geborgenheit, und das ist auch Sinn und Zweck. Aber in Wirklichkeit ist genau das Gegenteil der Fall. Es wird zu deinem Gefängnis und du merkst es nicht einmal. Erst nach einiger Zeit beginnst du zu zweifeln, lange Zeit besteht nur Zweifel. Du bist komplett zwiegespalten. Wie kann ein Mensch, der mich ja so liebt und mit mir gemeinsam sterben will, mich nur so behandeln?

Aber weiter im Text….der letzte Abend in meinem alten Zuhause war angebrochen, morgen, es war damals ein Freitag in einem schönen August in den späten 90ern, war es endlich soweit. Ich konnte gut meine Arbeiten erledigen, einen sehr wichtigen Anruf musste ich noch kurz vor meinem Abgang tätigen:

Ich musste meine Arbeit fristlos kündigen. Ohne Angabe von Gründen und ohne Ankündigung. Ich befand mich ja im normalen Sommerurlaub, der Betrieb meines Chefs war geschlossen und am Montag sollte es frisch und froh weitergehen. Es ging auch weiter, aber ohne mich. Aber diesen Anruf konnte ich nur kurz vor knapp erledigen, was, wenn mein damaliger Chef versucht hätte, meinen Exmann zu kontaktieren, um nachzufragen, was hier passiert wäre? Nicht auszudenken. Deshalb hatte er leider das Pech, am Freitag zu erfahren, dass ich am Montag nicht mehr zur Arbeit käme.

Es war mir schon etwas arg, da wir wirklich eine sehr kleine Truppe waren und ich vermute, für einige Zeit schon ein Loch vorhanden war. Aber ich konnte leider keine Rücksicht darauf nehmen, mein Vorhaben stellte ich über alle anderen Dinge, hier ging es wirklich um mein Leben. Wäre ich in dieser Beziehung verharrt, wäre das früher oder später mein sicherer physischer Tod gewesen, psychisch war ich bereits am Rande der Zerstörung.

In meiner letzten Nacht schlief ich vielleicht zwei Stunden, die restlichen Stunden musste ich leise und regungslos neben ihm verbringen, ich konnte jetzt nicht durch das Haus rennen oder sonst etwas Auffälliges machen, ich durfte keinen Staub aufwirbeln, er durfte nichts wittern und nichts ahnen. Er durfte nicht einmal stutzig werden, was denn mit mir los sei. So lag ich da und ging in Gedanken meine allerletzten Stunden noch minutiös durch. Am nächsten Tag würde MEIN großer Tag sein. Noch heute viele, viele Jahre danach kann ich dieses Datum nicht vergessen, es hat sich mein Gehirn eingebrannt, ab diesem Datum würde mein neues Leben beginnen. Über 10 Jahre lang lebte ich nicht mehr mein Leben.

Der nächste Tag brach an, ein wunderschöner blauer Himmel mit strahlender Sonne sollten mich heute begleiten. Er stand auf, zog sich an und verschwand im Bad, ich dachte mir nur, bitte lass ihn gesund sein, dass er nur ja diesen einen letzten Tag in seine Arbeit ging und lass es ihn auf Arbeit auch gutgehen und in der Zwischenzeit nicht nach Hause kommen. Der Arbeitsort war nur wenige Kilometer entfernt und in wenigen Minuten wäre er mit dem Auto zuhause gewesen. Ich musste jeden schrecklichen Gedanken vertreiben, sie brachten mir nichts, ich hatte heute meinen großen Tag und alles musste einfach klappen.

Ich tat an diesem Morgen als würde ein ganz normaler Tag vor mir liegen, ich tat gelassen und zog mich erstmal nicht mal an, so als würde ich den Morgen vertrödeln wollen. In Wirklichkeit war ganz genau das Gegenteil war der Fall. Endlich schnappte er sich seinen Schlüssel und ging zur Tür, alles wie immer. Er verabschiedete sich und ich schaute ihm durchs Küchenfenster noch hinterher. Er stieg in sein Auto, er startete, fuhr aus der Einfahrt und bog in die Straße ein. Ich verfolgte ihn mit meinem Blick so lange, bis er hinter der nächsten Kurve verschwunden war. GO!

Das war mein Zeichen, ab ins Schlafzimmer, ich zog mich rasch an, ich wusch mich schnell und dann machte ich mich an die Arbeit. Es gab noch einiges zu tun. Mein Auto war ja schließlich noch leer, hier konnte ich leider nicht vorarbeiten. Ich sprintete in den Dachboden und holte meine vorgepackten Taschen runter. Ich fing oben im Haus an, Zimmer für Zimmer zu durchforsten, ob ich noch irgendwas vergessen hatte. Und ich verabschiedete mich von Zimmer zu Zimmer, kein Raum in diesem Haus wurde nicht Zeuge seiner Gräueltaten, in jedem Raum hatte ich sogenannte Flashbacks und nun sollte damit Schluss sein.

Ich stapelte alles unten im Flur, es gab leider einige Dinge, dir mir gehörten bzw. die meine Mutter mir kaufte, für die ich aber leider keinen Platz im Auto hatte. Meine Gedanken waren so, dass ich meinte, vielleicht nach längerer Zeit, wenn vielleicht tatsächlich alles überwunden wäre, dass ich dann meine restlichen Sachen holen könnte?

Ich fing an meine Dinge ins Auto zu packen, meine Nachbarin damals, die uns nie grüßte und insgesamt immer sehr unfreundlich war, war gerade im Garten gegenüber am Wäsche aufhängen, sie konnte ihre neugierigen Blicke nicht sein lassen und fragte sich wahrscheinlich, was ich hier wohl vorhatte. Aber nachdem wir kein gutes Verhältnis hatten, scheute sie sich, mich zu fragen. Die Situation belustigte mich, da sie mindestens eine halbe Stunde ihre Wäsche auf hing. Mein Wagen füllte und füllte sich, bis zum Dachhimmel war es vollgepackt, sogar den Beifahrersitz musste ich noch nutzen.

Ich musste meine Zeit sehr gut einteilen, denn spätestens 12:15 kam ER wieder nachhause. Er hatte dann Mittagspause. Mein Plan war es, spätestens um 11 Uhr hier abzufahren, um auf Nummer sicher zu gehen.

Meine Anspannung stieg und stieg, die Zeit lief und ich hatte noch meinen Anruf vor mir, ich zögerte ihn bis zum Schluss hinaus, dieser Anruf sollte für mich und mein Vorhaben keine Gefahr mehr darstellen. Ich rief noch meine Kontaktperson an, ich wollte mich noch kurz mit ihr treffen und ihr den Schlüssel meines Arbeitgebers übergeben, damit er auf sicherem Wege zu ihm zurückgelangte. Ich hatte vor, kurz bevor ich die Stadt verließ, schon mit gepacktem Auto mich mit ihm zu treffen.

Dann rief ich meinen Chef an. Es fiel mir nicht leicht. Über sieben Jahren war ich in seinem Betrieb, er war ein sehr stiller Mensch, aber er war stets korrekt mir gegenüber. Ich hatte ihn sofort in der Leitung und ich erklärte ihm mit wenigen Worten, dass ich leider bei ihm aufhören müsse, dass ich ab Montag bei ihm nicht arbeiten könnte, dass ich von hier wegginge, dass ich ihm aber nicht sagen könne, wohin und auch nicht warum. Und ich erklärte ihm noch, dass eine vertrauensvolle Kontaktperson heute den Schlüssel bekäme, die ihn am Montag zu ihm ins Geschäft bringen würde. Er kannte diese Kontaktperson.

Still und aufmerksam hörte er mir zu. Als ich mit meinem Vorbringen fertig war, war es einige Zeit in der Leitung still, dann meinte er, dass es anscheinend wohl so sein müsse, er würde die Dringlichkeit und den Ernst der Lage an meinen Worten und meiner Stimme erkennen, ich dankte ihm, dann meinte er noch, dass er mir alles Gute wünschen würde auf meinem weiteren Weg. Damit hatte ich jetzt nicht gerechnet. Ich kündigte von heute auf morgen fristlos in meiner Firma, wo ich lange Zeit beschäftigt war, ich verschaffte dadurch meinem Chef bestimmt viel Ärger und Arbeit und er wünschte mir für mein Leben alles Gute? Fragte nicht nach, warum oder drohte mir mit irgendwelchen Konsequenzen? Hatte er etwas geahnt? Waren meine langen Ärmel im Sommer verräterisch? Konnte ich ihm mein blaues Auge, mit dem ich fast zwei Wochen im Geschäft rumgelaufen bin, nicht als Versehen auftischen? Kam ihm mein Exmann, den er auch kannte, nicht ganz sauber vor? Aber warum sprach er mich dann nicht darauf an?

Ich habe leider bis heute darauf keine Antwort erhalten. Mir fiel damals nur ein Stein vom Herzen, dass er mich nicht Fragen löcherte oder verärgert den Hörer aufknallte. So einfach hatte ich mir das Gespräch bei Gott nicht vorgestellt. Er war tatsächlich auf meiner Seite. Das gab mir einen ordentlichen Aufschwung. Ich bedankte mich wirklich herzlich bei ihm. Ich konnte mich leider nicht lange am Telefon aufhalten, die Zeit drängte.

Mittlerweile war ich beim Durchforsten des Hauses im Keller angelangt. Hier öffnete ich noch ein kleines Fenster, das sich in der Garage befand. Durch den Schlitz des gekippten Fensters wollte ich ihm kurz vor der Abfahrt noch den Schlüssel einwerfen.

Viele Erinnerungen ploppten hoch, beim Betreten jedes einzelnen Zimmers, überall waren sie, die Schauplätze gewaltsamer

Übergriffe. Es war alles sehr emotional für mich. Das Haus konnte nichts dafür, es war ein schönes Haus. Aber es war ein goldener Käfig für mich, mehr nicht. Knapp acht Jahre verbrachte ich hier und nun fand hier und heute alles ein Ende.

Wieder in der Küche angekommen, schnappte ich mir einen Zettel, den ich ihm als kurzen Abschiedsbrief auf den Küchentisch legte.

Ich fasste mich kurz, in dem ich ihm mitteilte, dass ich die Beziehung nicht mehr aushalten würde, dass er mich nicht suchen soll und wünschte ihm noch alles Gute. Als P.S. gab ich an, dass der Hausschlüssel in der Garage unterhalb des Fensters liegen würde.

Mehr gab es für mich hier nicht mehr zu sagen und zu erklären. Bis zum Erbrechen hatte ich mir über all die Jahre meinen Mund fransig gesprochen, allein es nützte nichts. Ich war fertig mit ihm mit allem. Und ich wollte mich hier nicht zum wiederholten Mal erklären.

Nicht einmal meinen Trennungsversuch wenige Wochen zuvor nahm er ernst. Schon am nächsten Tag legte er seinen Schalter um und seine Quälereien gingen wie gehabt weiter.

So, nun wurde es aber Zeit, es war bereits kurz vor 11 Uhr, ich checkte meine Liste und hielt mich an einen Rat meiner Mutter, der folgendes besagte: Wenn Du eine Reise antrittst, checke, als allererstes deine wichtigsten Sachen. Ein eingepackter Fön und das schönste Outfit nutzen dir nichts, wenn du am Flugschalter deine Papiere vergessen hast. Also, was war wirklich wichtig? Sämtliche Unterlagen, die mich betrafen, Papiere für mein Auto, Ausweisdokumente, sämtliche Schlüssel vom Schlüsselbund, die ich nicht mehr brauchte, abgemacht, den Schlüssel für die Arbeit nicht vergessen, ich hatte an alles gedacht.

Es war soweit. Durch meine gute Vorarbeit in den letzten Wochen war ich bestens gerüstet und ich konnte mich an meinen Zeitplan halten. Zeit für eine Pause gab es nicht. Ich packte mir noch viel Wasser ins Auto, ging noch einmal schnell durchs Haus und danach schloss ich aufatmend und für den Moment erleichtert die Haustüre für immer. Beim geöffneten Garagenfenster hielt ich mit dem Schlüssel in der Hand kurz inne, es war ein historischer und wichtiger Akt für mich, ich schloss kurz meine Augen, atmete tief ein und warf mit einem Ruck den Haustürschlüssel rein. Jetzt, spätestens definitiv jetzt, gab es kein Zurück mehr für mich. Ich hatte abgeschlossen.

Wie lange musste ich auf diesen Moment warten, es kam mir vor wie hundert Ewigkeiten, wie oft hatte ich davon geträumt und auf lange Strecken es nicht einmal zu denken gewagt und nun war ich mittendrin. An manchen Stellen kam es mir vor, als würde ich mich selber beobachten und ständig nur mit dem Kopf schütteln. Ich wollte leben und nur mit diesem Schritt war es für mich möglich, alles andere bedeutete für mich Zerstörung. Zu einem Teil war ich auch zerstört, seine Übergriffe und Quälereien hatten seine Spuren hinterlassen aber mein (Über-)Lebenswille siegte, was hatte ich bisher von meinem Leben? Ich war ein junger Mensch und als ich fast noch Kind war, ließ ich mich von diesem Soziopathen regelrecht kidnappen.

Es war für mich, als hätte er mich 10 lange Jahre meines noch sehr jungen Lebens in einen Käfig gesperrt. Manchmal hatte ich mit einer imaginären Fußfessel Ausgang, aber der war zeitlich begrenzt und mit starren Regeln behaftet. Jahre später erzählte ich meiner Therapeutin, dass ich mir wie in einem Hochsicherheitsgefängnis vorkam, ich erschrak damals selber bei meiner Wortwahl, es kam aus meinem tiefsten Inneren und genauso spürte es sich an.

Und nur ich selber konnte mich daraus befreien, ein Soziopath lässt dich nicht einfach so gehen. Warum sollte er das tun?

Du bist sein Lebenselixier, von dir ist er abhängig, dich braucht er, um zu funktionieren.

Mit diesem heutigen Tage hatte ich es geschafft. Ein neues Leben sollte auf mich warten. Niemals nie würde ich je wieder in so eine Situation schlittern wollen und wenn ich mein ganzes Leben allein sein sollte.

Ich konnte in diesen aufregenden Stunden meine Nervosität gut wegdrängen, ich funktionierte wie ein Roboter. Alle Schritte und Handlungen an diesem letzten Tage waren gut geplant und wohl durchdacht. Mir passierte kein Fehler. Meine Gedanken waren glasklar und als wäre es eine Alltäglichkeit stand ich nun vor meinem vollgepackten Auto.

Es war vollbracht, ein Blick auf die Uhr zeigte mir, dass es Zeit war. Ein schreckliches Kapitel in meinem noch sehr kurzen Lebensbuch sollte heute beendet werden. Nach eigentlich schon ein paar Monaten in dieser destruktiven Beziehung hätte ich genug Gründe gehabt mich von diesem Monster zu trennen, es wurden über zehn Jahre! Und heute und jetzt waren die letzten Minuten angebrochen. Meine Freude, aber auch meine Aufregung waren so groß, dass ich es hier kaum in Worte fassen kann. Ich war sichtlich stolz auf mich, endlich war ICH es, die hier handelte und ich spürte wie ungeahnte Kräfte in mir hochstiegen. Ich nahm ab heute selber mein Schicksal in die Hand, niemand sollte mir mehr vorschreiben, wie ich mein Leben leben zu leben hatte, was ich zu denken und zu sagen hatte, wofür ich mein eigenes Geld ausgeben würde, mit wem und wie lange ich mich mit jemandem treffen würde, wie ich meine Haare färbte, wann ich mir Klamotten kaufte, niemand und niemals sollte sich wer ungestraft jemals an mir vergreifen, das schwor ich mir.

Ich musste los, der Zeitplan musste eingehalten werden. Tief im Inneren hatte ich bis zur letzten Minute Angst, dass ER doch aus irgendwelchen Gründen nach Hause gefahren kam, man wusste es nie, es brauchte nur etwas geschehen, wovon ich nicht erfuhr. Vielleicht wurde ihm auf der Arbeit schlecht, und er musste heimfahren, vielleicht wollte er nur irgendetwas holen? Diese Befürchtungen konnte ich zwar weit nach hinten drängen, aber sie waren doch präsent. Es wäre nicht auszumalen gewesen, wenn er vorzeitig nach Hause kam, ich mit gepacktem Auto, es wäre einfach nur schrecklich geworden.

Das war mein Risiko, aber er kam nicht. Mein Schicksal war mir hold und alle guten Kräfte hatte ich an diesem Vormittag auf meiner Seite.

Ich atmete erleichtert auf, als ich mich in mein Auto setzte, die Zeit drängte, den größten Teil meines heimlichen Abgangs hatte ich schon geschafft, ich startete mein Auto, ein Blick zurück und los ging es. Mein Wohnsitz für die letzten acht Jahre verschwand im Rückspiegel.

Ich war aber noch längst nicht in Sicherheit, ich musste mich ja noch mit meiner Kontaktperson treffen, um den Schlüssel meines Arbeitgebers in treue Hände zu geben, und dann waren noch die paar Kilometer vom Wohnhaus zur Stadt, wo ich mich treffen wollte. Die Strecke gestaltete sich so, dass sie auf der einen Seite an einem Bach entlangführte, auf der anderen Seite war es etwas hanglagig und Einfamilienhäuser reihten sich aneinander, es war sehr eng, es gab kaum Wendemöglichkeiten. Ich fürchtete diese Strecke, da man sich nicht ausweichen konnte, wenn er mir hier aus irgendeinem Grunde entgegen kommen sollte, denn da musste er mich sehen und ich hätte keine Chance gehabt.

Angespannt fuhr ich des Weges entlang. Eine Erinnerung poppte in mir auf. Eines Nachts, es gab aus irgendeinem Grund wieder Anlass zu einem Streit, warf er mich kurzerhand aus dem Hause, in Schlafklamotten, ohne Schlüssel, ohne irgendetwas, mitten in der Nacht. Ich ging verzweifelt die Straße runter zum Bach, dort war eine kleine Brücke. Da saß ich, mir war kalt, ich weinte bitterlich und wusste nicht ein und nicht aus. Es war stockdunkel, und irgendwie war ich der einsamste Mensch auf Erden. Das Wasser plätscherte unter mir, plötzlich gab es Geräusche im Gebüsch, wahrscheinlich ein Tier, das unterwegs war, ich ging wieder zurück, und unter Bitten und Betteln ließ er mich wieder rein. Solche Szenarien sollten sich nie wieder in meinem Leben abspielen.

Ich verdrängte meine Gedanken und schon nach wenigen Minuten war dieser Abschnitt geschafft, niemand Bekanntes begegnete mir. Ich bewegte mein vollgepacktes Auto durch die Stadt, wo einerseits mein Exmann arbeitete, meine Kontaktperson wartete und mich auch noch dazu einige Leute kannten. Nur jetzt bitte niemanden treffen, den ich kannte, es war Urlaubszeit und einige waren zuhause. Alles ging gut. Ich bog zum Treffpunkt mit meiner Kontaktperson ein. Sie wartete bereits. Ungläubig und mit großen Augen starrte sie in mein Auto. Sie meinte zu mir, dass sie bis jetzt dachte, ich würde scherzen und dies nicht durchziehen. Aber nun war sie davon überzeugt. Wir unterhielten uns nicht lange, der Schlüssel wurde übergeben, wie verabschiedeten uns und ich musste weiter.

Ich wollte mir an der Tankstelle noch eine Straßenkarte für die Stadt besorgen, bei der ich vorhatte, die ersten Tage unterzuschlüpfen. Damals gab es noch keine Navis oder Routenplaner per Handy, damals war man noch auf Straßenkarten angewiesen. Diese Tankstelle lag am Rande der Stadt, nahe der Bundesstraße, die mich in die Freiheit führen sollte.

Es klappte. So, nun hatte ich wirklich alles erledigt und alle Dinge im Auto, die ich benötigte. Jetzt ging es wirklich los. Ein Blick auf die Uhr zeigte mir 11:15 Uhr. Es war perfekt. Ich war just in time. Genug Puffer, um möglichst weit weg zu sein, wenn er nach Hause kam.

Jetzt begann wirklich meine Fahrt in neues Leben, es gab kein Zurück mehr, es lagen knapp 100 Kilometer vor mir. Es war eine Stadt, wo wir nicht so oft unterwegs waren, eine Stadt, wo es keine Anknüpfungspunkte gab, wo es weder Verwandtschaft noch Freunde gab. Eine Stadt, wo wir über die letzten Jahre keinen großen Bezug hatten.

Ich musste mir gut überlegen, wo ich meine erste Station machen wollte. Ich musste mich in seine Gedanken hineinversetzen und so mir seine Schritte, Gedanken und Schlussfolgerungen zusammenreimen. Wo wollte er mich als erstes suchen? Wo konnte er annehmen, dass ich untergetaucht war. Was spielte sich in seinem Kopf im ersten Schockmoment ab? Ich konnte es natürlich nur erahnen.

Und natürlich würde er als allererstes meine Familie kontaktieren, jeden einzelnen, den er kannte würde er nach mir fragen. Dies war ein großer und wichtiger Punkt. Denn hier konnte man sich seinen Abgang schnellstens und gründlichst verhauen. Was nutzten die ganzen Vorbereitungen und Vorkehrungen, wenn er einen nach einer Stunde Suche bereits gefunden hätte.

Ein Drama hätte begonnen, mit Kontaktaufnahme, ein Bedrängen, vielleicht sogar Stalking. Er hätte, wenn er gewusst hätte wo ich bin, mich nicht mehr in Ruhe gelassen. Meine Quälereien wären geradewegs einfach so weitergelaufen. Ich hätte keine ruhige Minute mehr gehabt und nachts hätte ich nicht schlafen können. Ich hätte die Personen, wo ich untergeschlüpft wäre, noch mit hinein in diesen Strudel gezogen. Ich hätte ihnen viel Aufregung und Ärger eingebracht.

Nein, er durfte NICHT wissen, wo ich war. Und noch viel wichtiger, NIEMAND durfte wissen, wo ich war. Meine Mutter z.B. wäre als allererstes eingeknickt, wenn ich sie z.B. in meine Pläne eingeweiht hätte. Mein Ex hätte sie so lange beackert, bis sie mit der Farbe rausgerückt wäre.

Zumal meine Mutter und meine ganze Familie in dieses gesamte Drama nicht eingeweiht waren. Niemand wusste Bescheid, welche Hölle ich gerade im Begriff war, zu verlassen. Niemand.

Nein, es war besser, dass einfach niemand Bescheid wusste, es war schon schlimm genug, dass ich eine Kontaktperson in meine Pläne einweihte, auch das kann gefährlich werden. Denn indirekt zwingt man diese Person zum Lügen, falls sie auf mich angesprochen werden würde.

Aus heutiger Sicht würde ich es mit einer Kontaktperson sein lassen. Das Allerbeste ist, wenn man einen Psychopathen verlassen will, wenn absolut niemand in irgendetwas eingeweiht ist. Das schützt die sogenannten Hinterbliebenen am besten. Niemand muss für einen lügen und niemand wird in eine missliche Situation gebracht. Es gibt keine Verstrickungen oder gefährliche Situationen, wenn sich irgendwann dann doch einer verplappert.

Nun machte ich mich aber auf den Weg in diese Stadt. Die Sonne schien vergnügt vom Himmel, was war es nur für ein wunderschöner Tag mitten im Sommer. Die Straße in meine Freiheit lag vor mir. Große Anspannung, Freude, aber auch Erleichterung breiteten sich in mir aus. Ich hatte es geschafft! Zumindest bis hierher. Ich hatte diesen Vormittag, diese letzten wichtigsten Stunden gut überstanden. Alles war geglückt, es gab keine Panne und vor allem, war ich genau in der Zeit.

In so ziemlich genau einer Stunde musste er nach Hause kommen. Bis dahin war ich sozusagen über alle Berge. Ich machte mir Musik in meinem Auto und atmete tief durch. Was tat ich hier nur? War mir tatsächlich meine Flucht gelungen? Machte ich hier und heute genau jetzt meinen so lange herbei ersehnten Abgang? Ich kam mir vor wie im Film, war ich nun Thelma oder Louise? Der Film, der in mir eine Initialzündung setzte und mich nicht mehr loslassen sollte. Und nun war diese Bühnengestalt Wirklichkeit geworden, ich spielte meine eigene Rolle in meinen eigenen Film. Nur ich war plötzlich ebenso der Regisseur. Der Regisseur meines neuen Lebens.

Sollte diese destruktive, lange Jahre mich quälende Beziehung doch tatsächlich mit dem heutigen Tage hinter mir liegen? Sollte er sich wirklich nie wieder an mir vergreifen? Die letzte Übergriffigkeit hatte ich noch ganz genau im Gedächtnis. Sollte es tatsächlich die letzte gewesen sein?

Ich konnte das alles in diesem Moment noch gar nicht glauben, und doch beobachtete ich mich dabei, wie ich mein vollgepacktes Auto aus der Stadt raus auf die Bundesstraße lenkte. Die Stadt verschwand hinter mit und damit auch mein komplettes altes Leben. Nichts sollte mehr so sein, wie es vorher war.

Man kann nicht in Worte fassen, was in diesen Momenten sich alles vor meinem geistigen Auge abspulte. So viele schreckliche Erinnerungen waren in mir. Ich wollte damit nichts mehr zu tun haben. Ich war hochkonzentriert, mir durfte, solange ich mich in seinem Dunstkreis bewegte, nichts passieren. Eine banale Autopanne alleine hätte mir gereicht, um meinen Plan zunichte zu machen.

Ich dachte in diesem Moment auch nicht an meine Familie, welches Drama würde ich mit dem heutigen Tage und dem heutigen Schritt bei Ihnen auslösen? Vor allem bei meinen Eltern. Zu meinen Geschwistern war die Beziehung nicht so eng, sie dürfte es nicht so hart treffen. Aber Mama hatte sich ja immer Sorgen gemacht. Und wie sollte sie das alles auch nur verstehen? Sie musste denken, dass ich komplett durchgedreht war. Für sie würde diese Vorgehensweise hinten und vorne keinen Sinn ergeben.

Sie wusste, wie alle, von rein gar nichts. Wobei, im Nachhinein betrachtet, ändert auch das Wissen um die Problematik einer psychopathischen Struktur oftmals nicht die Einstellung der Menschen. Man kann so eine Geschichte kaum bis gar nicht verstehen, wenn man so etwas nicht erlebt hat. Sie ist nicht mit Logik und dem Verstand zu erklären, geschweige denn, zu verstehen. Ja, meine Mutter kannte ihn, jedes Wochenende saßen wir für genau zwei Stunden am Küchentisch. Meine Mutter kochte göttlich und das ließ er sich nicht entgehen. Aber nachdem das Essen beendet war, mussten wir sofort wieder aufbrechen, wehe ich verschwätzte mich bei Mutter, die Strafe folgte danach im Auto.

Ich blendete im Grunde in den Stunden meiner Flucht komplett alles aus. Alles und jeden musste ich hintanstellen. Ich war hier die wichtigste Person und sonst niemand. Ich konnte auf nichts Rücksicht nehmen, es ging hier wirklich um mein Leben. Und ich musste kämpfen wie ein Löwe. Ein Löwe, der seinen Jungen Essen besorgen muss, fragt auch nicht nach der Befindlichkeit der Gazelle. Es gibt keinen Spielraum dafür. Ich musste stringent handeln, genauso wie es die Situation erforderte und sie ließ keinen Handlungsspielraum. Es gab eine Agenda, Punkt für Punkt musste ich abarbeiten und Punkt für Punkt musste ich mich an diesen Plan halten, wenn alles gelingen sollte.

Zehn lange Jahre meines Lebens dreht sich alles um ihn. Jede einzelne Minute eines Tages waren durch ihn bestimmt und vorgegeben. Damit war nun Schluss. Nichts sollte mehr nach seinen Regeln geschehen. Ich stellte meine Regeln für mein Leben von nun an selber auf.

Ja, es war neu für mich. Ich war ein Kind, wo ich aus meinem Leben gerissen wurde und jetzt zehn Jahre später, war ich immer noch ein junger Mensch, aber mir fehlte es für meine persönliche Entwicklung zehn lange Jahre eigene Entscheidungen zu treffen, für sich selber einstehen, Selbstbewusstsein aufzubauen, lernen, sich durchzusetzen, ein selbstbestimmtes Leben zu führen. Ich hatte es nicht gelernt, ich durfte es nicht lernen. Ich war sozusagen in der Hand eines anderen. Mein Leben war regelrecht eingefroren. Meine komplette Entwicklung als junger

Mensch, die man natürlicherweise durchmacht, war bei mir nur rudimentär vorhanden. Ich wurde einfach jeder Gelegenheit beraubt, meine eigenen Erfahrungen zu machen. Wie gesagt, ich war wie in einem Hochsicherheitsgefängnis und manchmal durfte ich mich mit Fußfesseln nach draußen wagen, im abgestecktem Rahmen und im vordefinierten Zeitrahmen.

Eigentlich war es ein Drama. Aber genauso gestaltete sich die Lage. Es war nicht zu ändern. Mit dem wenigen was ich hatte, an materiellen Dingen, genauso wie meine mentale Verfassung, musste ich nun in ein neues Leben starten. Mehr hatte ich nicht.

Was ich aber definitiv vorweisen konnte, war ein starker Überlebenswille. Im Grunde war ich ein positiver, starker und kluger Mensch. Und ich konnte es mir über die schlimmen Jahre zu einem Großteil bewahren. Er hatte mich ja nicht komplett zerstört.

Die Zeit verging und die Fahrt verlief reibungslos. Mein Blick wanderte ständig zur Uhrenanzeige am Radio meines Autos. Endlich war es 12:15 Uhr. Jetzt war es soweit.

In diesen Minuten musste er nach Hause kommen. Würde er als erstes in die Küche gehen? Auf jeden Fall musste ihm in den ersten Minuten bereits auffallen, dass ich nicht zu Hause war. Dachte er für einen ersten Moment, ich sei vielleicht nur kurz einkaufen?

Auf jeden Fall musste er ziemlich bald meinen kleinen Abschiedsbrief auf dem Küchentisch finden. Spätestens dann müsste für ihn alles klar sein. Was gäbe ich heute noch, sein Gesicht dabei zu sehen. Ja, jetzt war sie weg. Tja, konnte man sich das nicht eigentlich nach den vergangenen Tagen irgendwie zusammenreimen? Ja, ein fühlender Mensch hätte Angst gehabt, dass sie vielleicht sich doch noch trennt, er wäre vorsichtig, er wäre umsichtig, er würde zumindest für eine Zeit lang, seine

Partnerin auf Händen tragen, um das Äußerste zu verhindern, aber was geschah hier?

Nein, psychopathische Menschen können das nicht erfühlen. Sie sind hier blind und taub. Wie ein Baby brauchen sie die Zuwendung ihres „Ernährers" und um diese Zuwendung zu erhalten, wird so lange unter Druck gesetzt und geschrien, bis sie es bekommen, wenn sie es dann haben, sind sie satt und zufrieden. Ihnen ist egal, wie und unter welchen Umständen der Ernährer ihn satt bekommen hat, Hauptsache er hat seine Sache bekommen. Und hier kommt seine Dummheit ins Spiel. Er blendet komplett alles aus, was ihn nicht betrifft. Es interessiert ihn nicht, es kümmert ihn nicht, er spürt es nicht, er versteht es nicht.

Und das ist sein absoluter Schwachpunkt. Es macht ihn schwach und angreifbar. Was hätte er in den letzten Wochen noch alles richtig machen können um dieses Szenario zu verhindern. Nein, blind und taub wie er an dieser Stelle ist, feuern sie regelrecht die Sache noch an und kippen Öl ins Feuer. Eigentlich unbewusst. Im Grund macht er nichts anderes, als sich so zu verhalten, wie er das immer macht. Merke, solange ER satt ist und die Dinge für ihn so laufen, wie ER das möchte, wird er niemals und nimmer sein Verhalten ändern. Für nichts und für niemandem. Und spätestens hier ist die Pathologie dieses Menschencharakters klar und deutlich zu sehen.

Jegliche Empathie und sei es nur ein Hauch davon, kannst du bei einem Psychopathen vergeblich suchen. Da, wo sie wirken, hinterlassen sie nur verbrannte Erde, kennst du einen, kennst du sie fast alle, es gibt welche, die toben sich verbal auf seinem Opfer aus, es gibt welche, die agieren auf der physischen Ebene, und es gibt welche, die machen es auf beide Arten. Egal, welche Sorte du an deiner Seite haben solltest, du wirst so lange leiden, wie dieser Mensch sich in deinem Dunstkreis bewegt.

Nun lag da dieser Zettel auf dem Küchentisch, der ihm sagte, dass ich nun gegangen war. Im Nachhinein, lange Zeit danach, erzählte er mir am Telefon, in diesem Moment hätte sich rings um ihn alles gedreht, er hätte plötzlich alles glasklar gesehen und alles erkannt. Er hätte erkannt, welche Fehler er über die lange Zeit gemacht hätte und was er mir angetan hätte.

Tja, diese wundersame Einsicht in diesem einen kleinen Moment, mag es wohl gegeben haben, solche Vorkommnisse werden immer wieder von Psychopathen berichtet, es gibt wohl tatsächlich immer wieder Tore, die sich für kurze Zeit öffnen, wo ein Psychopath einen objektiven Blick auf sich bekommt und er auch, zumindest für ein paar Minuten und einen Hauch, ein Gefühl dafür bekommt, was er seinen engen Mitmenschen mit seinem Verhalten antut. Meist öffnen sich diese Tore, wenn er selber an seine Grenzen gekommen ist, aber das geschieht bei dieser Persönlichkeitsstruktur leider sehr selten und sie sind, wie gesagt, nicht von Dauer.

Die schlechte Nachricht ist, dass es nur sehr kurze Momente sind, und nach wenigen Minuten schließt sich diese Türe wieder komplett und vor dir steht, wie eh und je, das gefühllose Monster, dass dir dein Leben zur Hölle macht. Und von seiner Einsicht, die es für einen kurzen Moment gab, ist aber auch gar nichts mehr vorhanden.

Panik muss ihn ihm hochgekrochen sein, ich kann es heute im Nachhinein nur vermuten, nach Erzählungen anderer und seinen Erzählungen mir gegenüber.

Ich weiß nur, dass er an diesem Freitag nach der Mittagspause nicht mehr in seine Arbeit zurückgekehrt ist. Umgehend musste er wohl mit der Suche nach mir begonnen haben. Nach Durchsicht des Hauses muss ihm aufgefallen sein, dass viele Klamotten fehlen, einige Dinge des Haushalts, die Koffer waren weg, mein Badschrank leergeräumt.

Dies dürfte ihm wohl zu verstehen gegeben haben, dass ich hier nicht mal gerade für ein paar Stunden meine Ruhe gesucht habe. Es war die Zeit, wo die Handys gerade am Kommen waren, wenige Leute besaßen erst eines, ER hatte eines, ich hatte keines. Also es einfach mal auf dem Handy zu probieren, war nicht möglich.

Er hatte insgesamt sehr wenige Möglichkeiten offen, die er anwenden konnte. Seine erste Aktion muss wohl gewesen sein, bei meinen Eltern anzurufen. Die wussten natürlich von gar nichts und meine Mutter stürzte in ein Unglück. Er alarmierte seine Großmutter, die ihm näher stand, als seine Eltern, er informierte unsere wenigen Freunde. Niemand wusste auch nur irgendetwas. Er bekam nirgends eine Antwort. Er muss auch an diesem Nachmittag noch zur Polizei gegangen sein, und dort erzählte er eine hanebüchene Lügengeschichte, um die Geschichte für die Polizei spannend zu machen. Ich erfuhr es erst am nächsten Tag von einem Informanten von mir. Aber der Reihe nach. Auch hatte er bei einem größeren Radiosender in Österreich angerufen, um mich per Durchsage im Radio zu erreichen. Mich erreichte gar nichts…

Ich war mittlerweile in dieser Stadt angekommen und ich ließ mich von den Straßenschildern ins Stadtzentrum leiten, dort wollte ich parken und ein Tourist Büro aufsuchen, ich wollte mir eine günstige Unterkunft suchen.

Ab jetzt waren meine Gedanken komplett mit mir und meinem Unterfangen beschäftigt, ich dachte ab da überhaupt nicht mehr an zu Hause. Ich hatte jetzt genug zu tun, um mein neues Leben zu managen. Während er zu Hause wohl Amok lief, spazierte ich ein Tourist Büro und ließ mir eine Liste der Pensionen und Hotels aushändigen.

Ich wollte zentral und in der Stadt bleiben, die vielen Menschen, die an diesem wunderschönen Sommernachmittag durch die Straßen wuselten, gaben mir ein Gefühl der Sicherheit. Das war jetzt genau das, was ich brauchte.

Jetzt war ich komplett alleine. Das warme Wetter, die Sonne, die Menschen, die Freiheit, die ich ab jetzt genoss, taten mir unendlich gut. Ich suchte mir ein kleines günstiges Hotel in der Fußgängerzone raus und marschierte dorthin.

Im Hotel angekommen, musste ich an der Rezeption eine Adresse angeben für die Touristikerfassung, ich gab meine alte an, weil ich mir dachte, bis diese irgendwo gemeldet werden würde, wäre ich längst schon wieder an einem anderen Ort.

Ich checkte also ein und auf die Frage, wie lange ich bleiben wollte, entschied ich mich erstmal für drei Nächte. Es war ein kleineres, uriges Hotel mitten in der Innenstadt. Nach dem Einchecken holte ich meinen Wagen und parkte ihn in der Tiefgarage. Sehr gut, dachte ich mir, der Teufel ist ein Eichhörnchen und hier unten in einer Tiefgarage war mein Auto ziemlich gut versteckt. Ich konnte nicht wissen, wer hier eventuell auch unterwegs sein könnte und ging auf Nummer sicher. Zum guten Schluss begegnete ich hier noch meinem Nachbarn, aber alle Angst war unbegründet.

Nachdem ich meine nötigsten Sachen in das Zimmer gebracht hatte, wollte ich sofort wieder raus in die Sonne, in die umtriebige Innenstadt. Alles war voller Leben dort, ich kannte kein einziges Gesicht, die Menschen waren gutgelaunt, Straßenmusiker waren da und unterhielten die Menschen, ich atmete tief durch und ließ mich durch die Menschenmenge treiben.

Da hielt mich mitten im Gewühle eine junge Frau an, vielleicht in meinem Alter, sie sprach mich an, dass sie für den Tierschutzbund tätig wäre und ob ich vielleicht nicht Unterstützer werde möchte. Ich bräuchte nur Adresse und eine Bankverbindung zu hinterlassen.

Ich lächelte sie an und sagte zu ihr, wissen sie, ich habe genau heute meinen langjährigen Job fristlos gekündigt, ich habe mein Konto und meinen Wohnsitz aufgelöst, ich bin komplett frei und ohne alles, ich wüsste nicht einmal, wie mein Leben ab heute weiterginge, und ich kann ihr leider nichts davon geben, was sie benötigen würde. Ich könne ihr leider nicht dienen.

Mit großen Augen schaute sie mich an und fragte, ob das jetzt wirklich alles wahr wäre. Ich sagte ja, genauso sei es und jetzt würde ich mal schauen, wie es weitergehen würde, und ich erstmal mein Leben genießen wolle. Sie nickte und lächelnd meinte sie, dass sie das echt toll finden würde, und sie mir für mein Leben alles Gute wünschen würde. Ich bedankte mich bei ihr und in dem Moment, wo ich all diese Dinge laut gegenüber einer anderen Person ausgesprochen hatte, fing ich nach und nach an selber zu begreifen, in welcher Situation ich mich gerade befand.

Den ganzen Tag über hatte ich immer wieder das Gefühl, dass ich mich in meinem eigenen Film befinde, alles war surreal und kaum zu glauben. Wenn du viele Jahre nicht einmal daran zu denken wagst, dich zu trennen, eigenen Wege zu gehen, ihm den Rücken zuzukehren, eine eigene Entscheidung zu treffen, so konnte ich die heutige Situation, dass ich tatsächlich abgehauen war, ihn alleine zurückgelassen hatte, mich getrennt hatte, kaum fassen. Was hatte ich nur getan? Ein massiver Befreiungsschlag war heute für mich geschehen. Durch mich. Ich hatte es tatsächlich gewagt, seit mehr als zehn Jahren war ich endlich wieder auf freien Füßen. Ein Gefängnisinsasse, der unschuldig für viele Jahre im Gefängnis saß und nun endlich freikam, konnte sich nicht besser fühlen. Natürlich war ich an meiner Situation mitschuldig. Sozusagen. Zumindest ließ ich ihn gewähren, alles basierte nur auf meiner Freiwilligkeit. Zu hundert Prozent. Was können ein Soziopath und ein Psychopath ausrichten, wenn es an Menschen mangelt, die bei ihrem Spiel mitspielen? Rein gar nichts. Sie sind angewiesen auf uns. Und ich spielte mit. Viel zu lange.

Ich war stolz auf mich und ab heute wartete das Leben auf mich. Ich ging in das nächste Kleidergeschäft und kleidete mich mal komplett neu ein. Weg mit den alten Klamotten. An der Kasse bat ich die Mitarbeiterin, gleich alle Etiketten zu entfernen und meine alten Sachen zu entsorgen. Gerne tat sie dies. Ich kaufte mir ein schönes langes Sommerkleid und neue Schuhe.

Alleine dieses Kleid zu kaufen, wäre schon wieder nicht möglich gewesen, alle Klamotten mussten von ihm abgesegnet sein. Von nun an sollte mir das nie wieder passieren. Ich fing beinahe von vorne an, mir fehlten mehr als zehn Jahre. Im Nachhinein betrachtet, muss ich feststellen, dass man es kaum nachholen kann, man macht nicht da weiter, wo man aufgehört hat. Sprich, ich konnte mit 26 Jahren nicht an mein 16. Lebensjahr anknüpfen.

Man war natürlich in diesen Jahren ein anderer Mensch geworden, zu viele Dinge hatte ich erlebt, zu vieles hatte sich in mein Gehirn eingebrannt, zu viele banale Fertigkeiten fehlten mir. Eine davon war, dass ich sehr schlecht auf mich aufpassen konnte. Meine Person spielte viele Jahre eine komplett untergeordnete Rolle, wenn man ständig klein- und schlechtgemacht wird, nie ging es wirklich um mich. Mir fehlte das Gefühl dafür, zu erkennen, wenn einer es nicht gut mir meinte, es war für mich jahrelanger Alltag, erst sehr, sehr viele Jahre später, konnte ich nach und nach mich mehr in Schutz nehmen vor ausbeuterischen Mitmenschen, die nur ihre eigenen Ziele im Sinne hatten. Das schlechte, egoistische, destruktive Gegenüber war ich mehr gewohnt, als dessen Gegenteil.

Man war sozusagen eine leichte Beute. Das ist das Drama, das sich leider danach weiter sponn, nicht mehr in der grausamen Intensität, aber dennoch.

Neu eingekleidet und relativ gut gelaunt trieb ich durch die Straßen, schaute in den einen oder anderen Laden, blieb bei den Straßenmusikern stehen und lauschte ihnen und ich holte mir einen leckeren Eisbecher. Alles ohne jegliche Diskussionen, ohne Ärger, ohne Streit. Nicht einmal solche banalen Dinge waren mit ihm ohne Stress nicht möglich! Sollte es einmal solch einen Ausflug gegeben haben, lief jeder Schritt nur dahin, wo ER hin wollte. Wenn ich im Sommer einen Eisbecher wollte, mussten wir vorher mindestens eine Stunde in einem Waffengeschäft verbringen, wenn wir nach langer Suche auch eines gefunden hatten. Das war immer der Deal. Fanden wir kein passendes Geschäft für ihn, die immer Elektronik und Waffen umfassten, dann bekam ich auch nichts. Warum sollte ich etwas bekommen und er nicht? Und wenn es nur ein banaler Eisbecher sein sollte....

Kein Laden wurde betreten, keine Sache wurde gekauft ohne sein Einverständnis. Immer verlangte er eine Gegenleistung für sich, wenn ich irgendetwas wollte. Dabei arbeitete ich Vollzeit, ich verdiente mein Geld, ich war erwachsen und musste sozusagen um einen Eisbecher betteln. Es war einfach nur grausam!

Viele Dinge erscheinen mir aus heutiger Sicht, mehr als 20 Jahre danach, einfach derart abstrus, krank und unmenschlich, dass man es kaum in Worte fassen kann. So etwas war kein Leben, beileibe nicht.

Man sieht die fröhlichen Mensch um einen, die meisten gutgelaunt, Mädchengruppen, die sich im Café trafen, junge Frauen, alleine am Shoppen, all das war für mich nicht möglich. Ich sah das alles sehr wohl damals glasklar, mir war das alles bewusst und viele Jahre schon vor meinem eigentlichen Abgang, wollte ich diesen Zustand nicht mehr aushalten müssen, aber mir fehlte jedwede Lösung.

Ich sah keinen Ausweg aus dieser zerstörerischen Beziehung, er hielt die Zügel so stramm gezogen, dass es mir die Luft zum

Atmen nahm. Jeder Tag war beherrscht von seinen Drohungen, die dir im Laufe der Jahre tief in die Zellen eingedrungen waren, und du sie mit jeder Faser deines Körpers zu hundert Prozent glaubst.

Trennung war für mich gleichgestellt mit Vernichtung, nicht nur meinerseits, womöglich auch meiner Familie. Sollte ich zum Schluss an all dem schuldig sein? Es war ein mörderisches Gedanken-Karussell, ich sah einfach keinen Ausweg aus meinem Gefängnis.

Dieser Tag heute sollte einiges verändern. Ich ließ mich in einem Café nieder, ich musste etwas zur Ruhe kommen und meine Gedanken sammeln. Ich hatte mich also für drei Nächte in einem Hotel in dieser Stadt eingecheckt. Mein Plan war, nie länger als drei Tage an einem Ort zu bleiben, um meine Spuren immer wieder zu verwischen. Was war wohl gerade zu Hause los? Ich wischte den Gedanken beiseite, schließlich wäre alles nur Spekulation gewesen und ehrlich gesagt, es interessierte mich nicht besonders. Meine volle Konzentration lag auf mir selber. Nach drei Tagen wollte ich zur nächsten schönen Stadt aufbrechen und danach wollte ich weitersehen. Ich nahm mir vor, morgen Vormittag mit meiner Kontaktperson Kontakt aufzunehmen.

Ich überlegte mir, mir ein Handy zuzulegen, es würde Sinn machen, da ich ab jetzt ständig auf Achse sein würde. Wie gesagt, Handys waren gerade so am Kommen und ich suchte an diesem Nachmittag noch nach einem entsprechenden Laden. Ich entschied mich für ein Prepaid Handy, so war ich vertraglich nicht gebunden und ich musste im Laden weder meinen Namen noch eine Anschrift angeben. Das war mir gerade recht. Ich besorgte mir noch ausreichend Guthaben und schon war ich erreichbar. Zumindest für die, für die ich erreichbar sein wollte.

Der wunderschöne Nachmittag, der ein ganz besonderer für mich war, neigte sich langsam dem Ende zu und ich begab mich zurück zu meinem kleinen, versteckten Hotel in der Fußgänger-zone. Ich nahm mir vor, mich am Abend bei meiner Mutter zu melden. Wenigstens wollte ich ihr sagen, dass es mir gutgehen würde. Sie sollte sich nicht allzu viele Sorgen machen.

Im Zimmer fiel mir auf, dass mir noch ein paar Dinge aus meinen Reisetaschen fehlten, die sich im Auto befanden.

Also machte ich mich auf den Weg in die Tiefgarage, man musste, um dorthin zu gelangen, durch das ganze Hotel, dann eine Kellertreppe runter und so kam man direkt in die Tiefgara-ge. Ich hatte mein Auto weit hinten geparkt, ich war alleine und plötzlich befiel mich ein stark beklemmendes Gefühl, ich hörte meine Sommersandalen in der Garage laut klacken und ich er-tappte mich dabei, wie ich mich immer wieder umdrehte, weil ich meinte, jemand anderes wäre ebenso gerade in der Tiefgara-ge.

Ich blieb kurz stehen und lauschte in den großen Raum hin-ein. Ich konnte nichts hören. Ein Schauer lief mir über den Rü-cken, wo war denn mein Auto?

Ich konnte es nicht gleich ausfindig machen, was war nur plötzlich mit mir los? Schien nicht eben noch die Sonne warm und schön da draußen, alles war gut und wohlig und mit einem Mal hatte ich das Gefühl, als würde es dunkle Nacht werden?

Mir schnürte es regelrecht die Kehle zu und Angst kroch in mir hoch. Ich wurde etwas konfus. Ich fühlte mich unendlich alleine, auf mich gestellt und mit einem Mal war von meiner Stärke und Zuversicht, die ich den ganzen Tag über genoss, nichts mehr zu spüren. Ich fühlte mich klein, hilflos, schwach und plötzlich nagten große Zweifel an mir. Was hatte ich nur getan? Ja, ja, ich hatte das einzig richtige getan, ohne Frage, aber schaffte ich das auch alles? Ich war noch nie irgendwo alleine unterwegs, ich hatte in der Fremde auch noch nie alleine über-nachtet. Hatte ich mir das alles zu leicht vorgestellt? Was hatte ich mir nur gedacht? In Gedanken kann man sich einige Szenarien ausmalen, aber hier nun war die harte Realität, die mich mit eiserner Faust umfing. Bildete ich mir meine Stärke nur ein?

Meine Schritte waren langsam und schwer und in meinem Kopf ratterten die destruktiven Gedanken vor und zurück. Endlich, da war mein Wagen, ich schloss auf und ließ mich auf den Autositz fallen. Ich ließ meine schöne Herfahrt Revue passieren, es klappte ja alles so reibungslos, wie ich es nicht einmal zu träumen wagte. Ich versuchte meine düsteren Gedanken zu vertreiben, denn es gab nun kein Zurück mehr. Kein Geld der Welt und nichts und niemand konnten mich von meinem Vorhaben abbringen. Niemals. So hart es auch klingen mag, aber vorher wollte ich sterben. Ich akzeptierte meine ängstlichen Gefühle und Gedanken, sie waren wohl selbstverständlich. Wie ein Roboter funktionierte ich die letzten Wochen, alles war auf diesen Tag gemünzt, nun war er vorbei, alles war gelungen und mein Körper entspannte sich zum allerersten Mal. Wahrscheinlich löste dies die Angstattacke bei mir aus. Ich musste nicht mehr funktionieren, ich hatte es geschafft.

Schnell suchte ich meine fehlenden Dinge aus den Reisetaschen und ging schnurstracks zurück in mein Zimmer. Die Fenster waren geöffnet, so wie in allen Zimmern des Hotels die Fenster aufstanden, es war ein lauer Sommerabend und die Stimmen und das Lachen der anderen Gäste taten mir gut. So fühlte ich mich weniger alleine.

Ich wählte die Nummer meiner Mutter. Mein Puls stieg leicht. Es war kein leichter Anruf für mich, aber ich musste ihn tätigen. Das war ich ihr schuldig.

Nach nur einmaligen Klingeln war sie schon am Apparat. Ich konnte kaum aussprechen, dass ich am anderen Ende wäre, da ging schon eine Tirade los. Ich kam nicht zu Wort. Es drehte sich nur darum, was ich denn gemacht hätte, ob ich nun vollends durchgedreht wäre und tausendfach, die zentralste Frage, wo ich denn sei?

Als irgendwann endlich eine kleine Pause entstand, versicherte ich ihr mal als allererstes, das es mir gut geht. Denn diese Frage stellte sie mir gar nicht. Mama, mir geht es gut, wiederholte ich. Es schien sie nicht zu interessieren, ständig fragte sich mich wieder und immer wieder, wo ich denn nur sei? Ich meinte zu ihr, dass ich an einem guten, sicheren Ort sei und dass es mir gutgehe. Das war natürlich nicht befriedigend für sie. Ihr erstes Ziel war es, zu erfahren, wo ich denn nur hingegangen wäre.

Den Gefallen konnte ich ihr aber leider nicht machen. Sie musste sich damit begnügen, dass ich mich gemeldet hatte und ihr versicherte, dass es mir gutginge. Ich würde ihr schon noch alles erklären, aber fürs Erste, musste das genügen. Sie weinte und war gleichzeitig böse. Sie verstand die Welt nicht mehr. Ja, es war ihr nicht zu verübeln.

Wahrscheinlich hatte er am Nachmittag schon per Telefon meine Mutter derart unter Druck gesetzt, dass, wenn ich mich bei ihr melden würde, sie unbedingt erfahren müsste, wo ich mich aufhielt. Aber hier musste ich eisern bleiben, meine Mutter wäre die erste gewesen, die es ihm erzählt hätte. Denn ich war ja anscheinend nicht mehr zurechnungsfähig und er müsste mich jetzt retten und schnellstens nach Hause holen.

Das Bild zeigte mich in keinem guten Licht, das war mir klar. Aber was sollte ich tun, die Dinge lagen nun einmal so. Da musste ich jetzt durch, da musste auch meine Mutter durch. Aber das Wichtigste hatte ich getan, ich hatte mich als allererstes bei ihr gemeldet, schon am ersten Abend. Sie hörte meine Stimme, ich versicherte ihr, dass es mir gutginge und so konnte ich wohl die allerschlimmsten Sorgen abfangen. Ich glaube, das Schlimmste für die sogenannten Hinterbliebenen ist, wenn sie im absoluten Ungewisssen gefangen bleiben. Wenn es keinen Kontakt gibt. Und das hatte Mama nicht verdient.

Ich konnte sie nur etwas beruhigen und am Ende des Gesprächs versicherte ich ihr, dass ich mich bald wieder bei ihr melden würde.

Danach ging es mir nicht wesentlich besser. Aber was hatte ich erwartet. Für meine Mutter war ER ein ruhiger, netter Mann, der brav seiner Arbeit nachging, sogar studiert hatte und halt mein Ehemann war. Wer er in Wirklichkeit war, davon hatte meine Mutter keinen blassen Schimmer, so wie viele andere auch. Sie kannte nur Dr. Jekyll.

Die Nacht kam und ich beruhigte mich zusehends. Eine bleierne Müdigkeit legte sich auf mich und ließ mich in einen tiefen, traumlosen Schlaf sinken. Als ich morgens wach wurde, war schon reges Treiben im Hotel zu hören. Ich fühlte mich gut und war wieder frohen Mutes. Die schweren Gedanken vom letzten Abend waren verflogen. Vor mir lag mein Leben, mit all seinen Facetten, mit all seinem Reichtum. Ich konnte heute tun und lassen, was ich wollte. Ganz ohne Vorgaben, Restriktionen oder schlechten Gedanken. Als allererstes wollte ich schön frühstücken gehen. Ich hatte Hunger, die letzten Wochen hatte ich stark abgenommen, an Essen war kaum zu denken. Mein Körper und mein Geist waren zu 100 Prozent mit meiner Flucht beschäftigt.

Ich duschte, zog mich an und ging runter in den Frühstücksraum. Viele Touristen waren in der Stadt und ich setzte mich an einen freien Tisch.

Ich genoss die Stimmung. An meinem Nebentisch saß eine italienische Familie, die sich lautstark über das Buffet hermachte. Sie waren auf Urlaub und ich fühlte mich auch wie in einem Urlaub. Ich war vogelfrei, niemand wartete auf mich, ich hatte alle Fesseln gesprengt und alle Brücken hinter mir abgebaut. Wie ein unbeschriebenes, neues Buch lag mein Leben vor mir.

Was wollte ich heute alles unternehmen? Zu allererst wollte ich mich bei meinem Informanten an meinem alten Wohnort melden. Ich wollte unbedingt wissen, was zu Hause vor sich ging, die Lage war so schwer einzuschätzen, vor allem konnte ich IHN nicht einschätzen. Ich kannte ihn zwar schon mehr als zehn Jahre, aber diese Situation war komplett neu, für uns beide. Wie reagierte er auf das ganze Geschehen? Ich hatte absolut keine Ahnung. Gleich nach dem Frühstück wollte ich mich darum kümmern. Dann wollte ich mir in der Stadt einen Friseurbesuch gönnen. Das war immer mit eines der schlimmsten Themen, meine Haare.

Sie musste immer lang sein, die Haarfarbe bestimmte er ebenso, ein Friseur durfte, wenn überhaupt, nur maximal ein paar Millimeter schneiden. Am liebsten war ihm, wenn mir seine Mutter zuhause die Spitzen schnitt, da hatte er mich unter Kontrolle, es kostete keinen Cent und ich kam auf keine dummen Gedanken bezüglich neuer Frisur oder Haarfarbe.

Alles, alles in meinem Leben bestimmte er. Und heute wollte ich ganz spontan zum Friseur, er sollte mir einfach die Haare schönmachen, ohne dass ER mit seiner Nase an der Fensterscheibe klebte und ständig Druck auf mich ausübte.

Was musste ich in meinem Leben nicht alles nachholen. War das überhaupt zu schaffen? Im Nachhinein kann ich sagen, zu einem Teil. Die Jahre sind unwiederbringlich verloren, man kann keine 10 Jahre aufholen. Es bleibt ständig ein Defizit. Noch heute fühle ich mich um meine Jugendjahre betrogen, sie sind unwiederbringlich vorbei, ich habe sie verschenkt. Es ist eine Wunde, die niemals richtig heilt. Man findet nur seinen Umgang damit, mehr ist mir nicht gelungen.

Viel brachte ich beim Frühstück nicht runter, ich genoss mehr mein Umfeld. Die Menschen um mich waren gut gelaunt und sie steckten mich mit ihren positiven Vibes an. Danach ging ich aufs Zimmer, ich musste endlich ungestört mit meinem Informanten telefonieren.

Ich wählte die Nummer, als am anderen Ende abgehoben wurde, fragte ich vorsichtig, ob die Luft rein sei? Ja, alles war gut. Und dann kam ohne Vorwarnung eine Horrorstory nach der anderen auf mich zu.

„Du wirst nicht glauben, was der alles veranstaltet!" tönte es aus dem Telefonhörer. Mein Puls ging hoch, wie sicher fühlte ich mich doch in reichlicher Entfernung zum Geschehen. Und jetzt beim Telefonat war ich doch innerhalb kürzester Zeit wieder in meine Story hinein katapultiert worden. Aber ich wollte nun mal alles wissen, damit ich mich gewappnet fühlte für das weitere Vorgehen.

Der Informant berichtete mir, dass ER am Nachmittag des Vortages sofort zur Polizei ging, um mich dort als vermisst zu melden. Er erzählte unglaublicher Weise den Beamten, dass ich einige seiner Waffen bei mir hätte und suizidgefährdet wäre!

Mir sträubten sich die Haare im Nacken. Wie bitte? Was machte er da? Ich hatte ja mit vielem gerechnet, aber das war mir im Moment zu viel.

Der Informant meinte zu mir, dass ich mich umgehend bei der Polizei an meinem alten Wohnort melden soll, damit ich nicht irgendwelche Ermittlungen auslöse, die ich im Nachhinein bereue.

Ich konnte es nicht fassen, was hatte er vor? Dass er sofort zur Polizei laufen würde, damit hatte ich wirklich nicht gerechnet.

Weiter berichtete er mir, dass ich mich nicht mehr bei ihm auf Festnetz melden könnte, da ER über einen Bekannten eine Fang-schaltung an meiner alten Wohnadresse habe installieren lassen.

Bähm!! Das hatte gesessen, er fuhr also sämtliche Geschütze gegen mich auf. Was für ein krankes Hirn er nur war!

Eine Fangschaltung?! Wie kam er an so etwas überhaupt dran? Obendrein war es für private Zwecke sowieso verboten.

Er ließ keine Möglichkeit unversucht und wahrscheinlich hoffte er auch auf die Polizei. Das liebste wäre ihm wohl gewesen, wenn noch am gleichen Tag eine Hundertschaft an Polizisten sich nach mir auf die Suche gemacht hätte.

Mein Informant berichtete mir, dass ER komplett „out of order" wäre. Seines Empfindens nach würde er komplett unter Schock stehen. Ja, das konnte ich mir vorstellen. Sein schlimmster Alptraum wurde wahr, damit hatte er nicht gerechnet. Er fühlte sich einfach zu sicher.

Die nächste Geschichte war, dass er mich auch über einen Radiosender suchen ließ! Ich hatte davon natürlich nichts mitbekommen.

Am Ende des Telefonats gab ich meiner Kontaktperson noch meine neue Handynummer, damit ich wenigstens erreichbar war. Mein Puls war wieder gestiegen und eine bleierne Schwere legte sich auf meinen Magen, zu essen brauchte ich an diesem Tage nichts mehr.

Sofort wählte ich die Nummer der Polizeistation an meiner alten Wohnadresse. Ein sehr gut gelaunter und freundlicher Polizist nahm mein Gespräch entgegen. Ich erklärte mich kurz, wer ich war und dass ich mich melden wollte. Sofort wusste er, wen er in der Leitung hatte und meinte zu mir, ah, sie sind die junge Dame, die mal kurz um Zigaretten ging....Ja, die war ich.

Ich erklärte ihm ebenso, dass mir zu Ohren gekommen wäre, dass ich Waffen mit mir herumfahren würde, dass das überhaupt nicht stimmen würde und dass ich ebenso nicht suizidal wäre.

Das freute ihn zu hören und er meinte, dann sei ja alles gut. Ich fragte ihn, ob ich ihm jetzt sagen müsse, wo ich mich aufhalte? Da meinte er, junge Dame, sie haben sich bei mir gemeldet, sie sagen, sie haben keine Waffen bei sich, sie sind nicht suizidal, sie sind erwachsen und werden polizeilich nicht gesucht. Sie können auf dieser Welt sein und hingehen, wo sie wollen, sie sind mir keine Erklärung schuldig, und sie müssen mir auch nicht ihren momentanen Aufenthaltsort bekanntgeben. Alles wäre gut und ich bräuchte mir keine Gedanken machen!

Die Vermisstenmeldung müsse er auch zurücknehmen, da ich mich ja bei ihm gemeldet hätte.

Mann, fiel mir ein Stein vom Herzen!

Er wünschte mir noch alles Gute für mein Leben und das Gespräch war beendet.

Gott sei Dank! Auf keinen Fall wollte ich irgendeinen Ärger mit der Polizei. Die Sache hatte ich ihm gründlich vermasselt, auf diesem Wege konnte er mir nichts mehr anhaben.

So langsam beruhigte ich mich wieder. Tja, was hatte ich mir nur gedacht?! Es war eigentlich sonnenklar, dass er keine Möglichkeit unversucht lassen würde, mich irgendwie zu finden. Aber wie gesagt, seine Möglichkeiten waren gering, von meinem neuen Handy wusste er nichts.

Zumindest war ich jetzt auf dem neuesten Stand und das Allerwichtigste war, dass ich die Geschichte mit der Polizei geklärt hatte.

So, nun wollte ich aber endlich raus aus dem Hotelzimmer, ich hatte mich jetzt wieder genug mit diesem Mist beschäftigt, Herrgott nochmal, was hatte ich verbrochen?! Gar nichts! Nichts, absolut gar nichts hatte ich mir zu Schulden kommen lassen, ER war es, der eigentlich hinter Gitter gebracht hätte werden müssen, er traktierte und quälte mich mehr als 10 Jahre lang. Aber genauso tickt die psychopathische Struktur, sie verdreht alles so derart, dass man zum Schluss als der Schuldige dasteht. Ich sollte nun die Böse oder auch psychisch Vertrackte sein am Ende des Spiels. Ich war ja diejenige, die ihren armen Ehemann in einer Nacht und Nebelaktion verlassen hatte.

In einem Nebensatz erwähnte der Informant noch mir gegenüber, dass SEINE Großmutter, IHM gegenüber noch meinte, dass ich schon noch angekrochen käme, wenn ein bisschen Zeit vergangen wäre. Er müsste nur ein bisschen zuwarten, dann würde ich einknicken. Diese alte Hexe! Sie war nie auf meiner Seite, sie ahnte bestimmt einiges, aber sie hielt immer zu ihm.

Egal, abgeschlossen, soll sie doch alle der Teufel holen, ich stand nicht mehr zur Verfügung, ich spielte bei diesem Spiel nicht mehr mit. Sollten sie so lange nach mir suchen und warten, bis sie schwarz wären.

Auf mich wartete ein sonniger Tag im August und ich wollte mich gleich auf in die Stadt machen und mir einen guten Friseur suchen.

Heute wollte ich mit keinem mehr telefonieren. Viel zu viel machte ich mir immer Sorgen um die anderen, dabei verlor ich mich ständig selbst aus den Augen. Wenn ich mich mehr in den letzten zehn Jahren im Fokus gehabt hätte, hätte ich mir einiges ersparen können. Es war etwas, dass ich jetzt zu lernen hatte. Ich bekam es schon in meiner Kindheit nicht gelernt und heute mit 26 Jahren war es immer noch Neuland für mich. Ich musste lernen, mich wichtig zu nehmen, meine Bedürfnisse, ich musste lernen, besser auf mich aufzupassen und lernen, mich zu wehren, wenn jemand meine Grenzen überschritt. Aber es war nicht so einfach. Genau das Gegenteil davon war mir vertrauter und näher. Tagtäglich überschritt ER meine Grenzen, ungefragt und ohne schlechtes Gewissen.

Vieles stand mir noch bevor, gestern hatte ich lediglich einen ersten Schritt gemacht, es war wohl der Wichtigste, aber es war damit nicht zeitgleich alles auf einen Schlag in Ordnung für mich. Es braucht immer mindestens zwei Personen, die so eine destruktive Beziehung überhaupt erst möglich machen. Neben der psychopathischen Struktur braucht es noch das Opfer. Ohne

Opfer ist keine Aktion möglich. Und das war ich, ich war anscheinend das perfekte Opfer.

Was hatte ich gelernt in meinem Elternhaus? Pass dich an, rede nicht zurück, halte dich zurück, mach, was andere sagen, nimm dich nicht so wichtig, reiß dich zusammen, sei immer schön artig und brav, ordne dich unter. Meine Mutter meinte es anscheinend gut. Nun, was sie da heranzog war ein perfektes Opfer für einen Menschen, der genauso so etwas suchte.

Meine Mutter hatte es wohl in ihrer Kindheit auch nicht anders gelernt und wollte mir nur Gutes tun. Es lag nun an mir, als erwachsene Frau mir diese Glaubens- und Handlungssätze aus meinem Kopf zu kriegen, es ist wahrlich kein leichtes Unterfangen, bis heute kämpfe ich damit. Es ist natürlich vieles schon besser geworden, aber es dauerte sehr, sehr viele Jahre.

Ich genoss meinen Friseurbesuch mit all meinen Sinnen, ohne IHN mit platter Nase an der Scheibe sehen zu müssen, tatsächlich war es so, dass wenn er frei hatte und ich mal zu einem Friseur durfte, er regelmäßig mitging und mich, auch wenn es sein musste, zwei Stunden durch die Scheibe beobachtete. Das kann sich ein normaler Mensch gar nicht vorstellen, er setzte mich derart unter Druck, er musste genau sehen, was an mir gemacht wurde und zu lange durfte ich natürlich meine freie Zeit auch nicht bei einem Friseur zubringen.

Er gönnte es mir einfach nicht. Mir sollte es nicht zu gut gehen, selbst wenn ich beim Friseur saß, sollte ich seine Unterdrückung zu spüren bekommen. Er ließ sozusagen nie von mir ab. Und ab heute war ich frei. Ich konnte es nach wie vor noch immer nicht glauben. Wenn meine Friseurin in diesem Moment nur meine Gedanken hätte lesen können. Man sah mir nicht an, durch welche Hölle ich die letzten Jahre gegangen war. Ich war jung, ich war hübsch, ich war gepflegt, ich hatte etwas gelernt und war nicht auf den Mund gefallen. Nur in meinem Inneren war einiges zerbrochen, aber das war verborgen vor den anderen. Man kann einem Außenstehenden kaum vermitteln, welche Empfindungen man in diesen Stunden durchlebt. Man könnte es wahrscheinlich mit einem Häftling vergleichen, der jahrelang unschuldig im Gefängnis saß und nach seiner Haftentlassung nun seine ersten Schritte in sein Leben unternimmt. Die einfachsten Dinge, Begebenheiten und Erlebnisse sind hochemotional und von intensiven Gefühlen begleitet.

Was meine Situation verschlimmerte, war, dass ich mich mit absolut niemandem austauschen konnte, eigentlich sprudelte ich über von Empfindungen und Eindrücken und konnte mich nicht einmal mitteilen. Da war niemand. Ich hatte nur mich. Ein neutraler Freund wäre mir in diesen Stunden wirklich eine große Hilfe gewesen. Aber ich war in diesen Stunden mein einziger Halt. Zugute kam mir, dass es Sommer war und die Stadt voller Leben und Menschen, die Sonne wärmte angenehm und ich ließ mich in diesem Strom mitreißen. Zumindest waren mir die Begleitumstände wohlgesonnen.

Am frühen Abend kehrte ich wieder in meine Unterkunft zurück und wie am Vorabend stellte sich auch heute die bekannte Unruhe bei mir ein. Zweifel und Ängste stiegen in mir hoch und ich fühlte mich verloren und wie der einsamste Mensch auf diesem Planeten. Ich versuchte mich mit einem Film abzulenken, ich müsste nun Stunde um Stunde, Tag um Tag so nehmen, wie er sich mir bot. Etwas anderes blieb mir nicht.

So verbrachte ich die kommenden zwei Tage ohne besondere Vorkommnisse und relativ gelassen, was am Tag darauf jäh beendet wurde.

Aber der Reihe nach:

Mein Hotel befand sich samt Tiefgarage mitten in der Fußgängerzone, somit war ich gezwungen mit meinem PKW durch diese Zone zu fahren. Bei meiner Anreise von vor ein paar Tagen fand ich leider nicht auf Anhieb die Einfahrt zur besagten Tiefgarage und ich musste eine sog. Ehrenrunde fahren. Es war laut Vorschrift der Stadt wohl erlaubt IN die Fußgängerzonen zu fahren, verboten war jedoch sie ohne Anhalten oder parken zu durchfahren. Leider wurde mir diese gebrochene Vorschrift beinahe zum Verhängnis.

Ich kam gerade vom Frühstück in mein Zimmer, als mein Handy klingelte. Aufgeregt erzählte mir mein Informant, dass etwas passiert wäre. War ja klar, dass es nicht ohne weitere Probleme ablaufen würde. Er erzählte mir, dass ER wüsste, wo ich war. Wie?! Das konnte doch nicht möglich sein, woher solle er das wissen?

Nun mein Vergehen beim Durchfahren der Fußgängerzone wurde anscheinend von einem Beamten registriert und ich erhielt prompt in meinem alten Zuhause einen Brief mit einem Strafzettel. Mit Angabe der Stadt und der Straße, wo ich verbotenerweise durchgefahren war und in der sich eben auch mein Hotel befand! Ich wusste, dass in dieser Straße mein Hotel das einzige war, und clever wie er war, konnte er aufgrund der Informationen eins und eins zusammenzählen.

Ich erkannte sofort in diesem Moment die Brisanz der Lage, denn die Fahrzeit von meinem alten Zuhause bis zu meiner Unterkunft dauerte lediglich eine Stunde.

Selbst der Informant meinte, schau, dass du dort so schnell wie möglich wegkommst, pack deine Sachen und nichts wie weg von hier. Gott sei Dank hatte ich mich im Vorfeld um einen Informanten gekümmert, naiv und unwissend würde ich hier sofort in die erste Falle tappen.

Unser Gespräch war kurz, ich eilte hinunter zur Rezeption und meinte zu der Dame hinter dem Tresen, dass ich leider schon heute bzw. jetzt auschecken müsste. Ich war noch im Check Out Zeitrahmen, bezahlte meine Rechnung und eilte in mein Zimmer zurück.

Ich hatte wirklich große Angst bekommen, so etwas fehlte mir jetzt gerade in meiner Situation. Schon nach wenigen Tagen Freiheit könnte sie hier schon ihr Ende finden. Das durfte einfach nicht passieren. Ich packte in Windeseile meine Sachen und ging schnellen Schrittes zur Tiefgarage, Taschen verstaut, und bloß weg von diesem Ort. Es war hier für mich zu gefährlich geworden.

Ich hatte überhaupt keinen Plan, wo ich nun hinfahren sollte, da ich mich auf diese Situation gar nicht vorbereiten konnte, aber ich hielt mich westwärts, so hatte ich es mir im Vorfeld vorgenommen. Selbst in den Straßen dieser Stadt sah ich an jeder zweiten Ecke „sein" Auto, das bereits nach mir suchte, aber es waren stets nur Einbildungen, die mir einen Streich spielten. Erst als ich zur Autobahn auffuhr, die in die gegensätzliche Richtung führte, konnte ich aufatmen.

Ich kam mir vor, wie in einem Thriller und ich war eine der Hauptdarsteller, das behagte mir gar nicht. Ich hielt mich in diesen Wochen an den Spruch: „Du weißt erst, wie stark du wirklich bist, wenn stark sein, deine einzige Wahl ist".... Stark sein, war meine einzige Wahl, es gab keine Alternative, es gab keinen anderen Weg. Das Leben hörte nicht auf, mich auf eine harte Probe zu stellen.

Ich hatte fürwahr mein Unterfangen zumindest m. E. bis ins kleinste Detail planen wollen, aber es war schlichtweg nicht möglich. Das Leben bot einfach zu viele Unwägbarkeiten, die nicht kalkulierbar waren. Ich musste flexibel und beweglich bleiben, musste die Dinge und Situationen, die sich hier Bahn schlugen, so hinnehmen, wie sie sich mir boten. Ich durfte jetzt nicht einknicken und mich von meinen Ängsten oder Unsicherheiten in Beschlag nehmen. Es gab schlicht und ergreifend kein Zurück mehr für mich.

Ja, es hatte auch etwas Abenteuerliches, ich war vogelfrei, ich hatte mein Auto, ich hatte alle Brücken hinter mir abgerissen, die Welt lag mir zu Füßen.

Nichts und niemand wartete auf mich, nichts und niemand erwartete etwas von mir. Ich trug lediglich die Verantwortung für mich selbst

Aber nur in Ansätzen konnte ich die Situation genießen. Ich konnte mit der plötzlich gewonnenen Freiheit noch nicht recht etwas anfangen, sie machte mir sogar auf weiten Strecken regelrecht Angst. Wenn bisher jedes deiner Schritte strikt vorgegeben und strengstens überwacht wird, dann ist es so, als würde man in einer fremden Welt unterwegs sein. Ja, ich sah bei den anderen, was Leben bedeuten konnte und doch hatte ich die letzten zehn Jahre in einem Hochsicherheitsgefängnis mit Ausgang gelebt.

Als ich mich auf der Autobahn schließlich in Sicherheit wiegte, nutzte ich die Gelegenheit um mich noch einmal bei meiner Mutter melden, sie sollte sich keine Sorgen machen, das hatte sie nicht verdient. Klar, sie würde mich nie verstehen und war geschockt von meiner Aktion, deshalb war es das Geringste ihr zu sagen, dass es mir gutging. Es folgte ein tränenreicher Anruf, auch mein Vater war mit den Nerven fertig. Ich konnte sie nur einigermaßen beruhigen, das Schlimmste, das sie rumtrieb war, dass ich ihnen nicht sagen konnte, wo ich war. Erstens war es momentan gar nicht möglich, da ich mich auf der Autobahn westwärts treiben ließ ohne schon ein konkretes Ziel zu haben, zweitens durfte und konnte ich nichts Genaueres sagen, sie wären die ersten gewesen, die bei meinem Ex eingeknickt wären.

Es war eigentlich zermürbend, anstatt Zuspruch zu ernten und Kraft durch ein Gespräch mit Angehörigen zu tanken, zogen mich diese Gespräche noch mehr runter, ich war diejenige, die meine Eltern noch aufbauen musste, dabei ging es mir selber bescheiden, aber es gab keine Alternative.

Ich überlegte, wo ich meinen nächsten Halt bzw. Übernachtung tätigen wollte. Ich befand mich in reichlicher Entfernung zur letzten Stadt und es dämmert bereits. Da ich durch ein touristisches Gebiet fuhr, hatte ich freie Auswahl an Übernachtungsmöglichkeiten. Ich wählte einen kleinen Ort, der mich ansprach und fand eine schöne Bleibe. Die Hausdame war sehr nett, ihr Zimmer liebevoll eingerichtet, nur auf die Frage, wie lange ich bleiben wolle, konnte ich ihr keine genaue Angabe machen. Ich hatte vor, die Tage das Land zu verlassen, damit zwischen mir und IHM reichlich Abstand entstand. Es war mir ein dringendes Bedürfnis.

Im Aufenthaltsraum kam ich abends mit der Hausdame ins Gespräch. Sie war natürlich interessiert, was eine junge Frau ohne konkrete Pläne alleine in ihr Appartementhaus trieb. Im Grunde war zu jeder Zeit Vorsicht geboten, aber ich platzte regelrecht vor Mitteilungsdrang.

Was hatte ich zu befürchten, ich hatte nichts verbrochen und bei dieser Dame gab es keinerlei Verbindungspunkte zwischen ihr und meinem alten Umfeld. Sie war neugierig und ich mitteilungsbedürftig. Mir tat es gut, mir einmal meine Last von meiner Seele zu sprechen. Aufmerksam folgte sie meinen Schilderungen. Ich versuchte, was Namen und Ort anbelangt, vage zu bleiben. Es war ohnehin ohne Bedeutung für sie.

Ungläubig schüttelte sie mehrfach den Kopf, so eine Story hörte man wohl nicht alle Tage. Ich tat ihr sichtlich leid, sie fragte, ob sie mir in irgendeiner Weise wohl helfen könnte, aber ich hatte keine Idee, wie. Ich konnte nicht bleiben und ich musste meinen Weg nach einigen Tagen wieder gehen. Sie half mir schon, indem sie mir zuhörte und mir ihr Mitgefühl zuteilwerden ließ.

Nach weiteren zwei Tagen verließ ich das Land und ließ mich in einem landschaftlich wunderschönem Gebiet nieder, touristische Gebiete hatten den Vorteil, da sie viele Übernachtungsmög-

lichkeiten boten, auch spontan abends, mir blieb also eine Übernachtung in meinem Auto erspart.

Es war eine mittelgroße Stadt und ich suchte mir ein nettes
Hotel. Schon auf der Fahrt hierher musste ich sehr oft auf Toilet-
te und als ich ihm Hotel angekommen war, bemerkte ich, dass
ich mir eine fette Blasenentzündung zugezogen hatte, ich aß und
trank zu wenig und dann kam noch der psychische Stress hinzu.
An der Rezeption fragte ich nach einem guten Arzt und schon
am Nachmittag desselben Tages hatte ich einen Termin. Der
Arzt bestätige mir meine Diagnose und nachdem ich auch schon
Fieber hatte, verschrieb er mir Antibiotika, Bettruhe mit viel
trinken. Zurück zum Hotel befolgte ich seine Anweisungen,
mein Fieber stieg und der Schmerz zog sich bis zu den Nieren
hoch, sodass ich mich kaum drehen konnte, aber nach einigen
Stunden begann das Antibiotika zu wirken und schon am nächsten Tag ging es mir um einiges besser, ich hielt noch Bettruhe,
trank viel und so kam ich rasch wieder zu Kräften.

Am nächsten Nachmittag saß ich bereits in der Stadt in einem
Eiscafé und ließ mir einen Eisbecher schmecken. Die Innenstadt
war sehr belebt und so kam ich mit einer sympathischen jungen
Frau ins Gespräch, sie war in meinem Alter und nachdem ich ihr
in der Stadt fremd erschien, sprach sie mich an. Es freute mich,
es war mir eine willkommene Abwechslung. Ich erzählte ihr in
groben Zügen was mich hierher verschlug und sie war sichtlich
bestürzt und ebenso angetan, ob meines Mutes.

Wir verstanden uns auf Anhieb und verbrachten so den ganzen Nachmittag. Sie war in dieser Stadt aufgewachsen und so
lernte ich noch einige ihrer Freunde kennen. Zum ersten Mal seit
Beginn meiner Fluchtgeschichte fühlte ich mich wohl und entspannt. Die Gespräche taten mir gut und ich konnte für ein paar
Stunden meinen Kopf zumindest etwas abschalten.

Am Abend zurück in meinem Hotel versuchte ich mein weiteres Vorgehen zu planen. Ich hatte nun das Gefühl weit genug

von meinem Peiniger entfernt zu sein, sollte ich in dieser Stadt vorerst bleiben? Ich wusste mir keinen rechten Rat. Aber nachdem ich mich hier wohlfühlte, wollte ich vorerst hierbleiben.

Nachdem Urlaubszeit war, verabredeten sich meine Freundin und ich für den nächsten Tag. Mittlerweile war eine Woche seit meinem Abgang vergangen. Ich weiß nicht genau, was mich dazu bewog, aber ich hatte das Gefühl, mich bei meinem altem Zuhause mal melden zu müssen. Heute sage ich natürlich, dass es ein großer Fehler war, denn es war weder meine Pflicht noch war es vonnöten. Wichtig war einzig und allein, dass meine Familie wusste, dass es mir gutging, alles andere war komplett egal.

Aber hier war deutlich zu erkennen, dass ich zu einem Großteil doch noch in meiner Geschichte verstrickt war. Warum hatte ich das Gefühl, dass ich ihm eine Rechenschaft schuldig wäre? Einem Menschen gegenüber, der mich jahrelang schlecht behandelte und quälte. Wie kam ich nur auf diese Idee?

So klug war ich zumindest, dass ich überlegte, wie ich ihn kontaktieren sollte. Jeder Festnetzanschluss konnte problemlos rückverfolgt werden, diese Möglichkeit schied also aus.

Mein Handy kam auch nicht in Frage, ich wollte nicht, dass er meine Nummer in die Hände bekam.

Nun kamen wir auf folgende Idee: ein Bekannter meiner Freundin besaß eine Firma und dort waren einige Firmenhandys von ihm im Umlauf.

Und nun nahm das nächste Unheil seinen Lauf. Der Bekannte gab mir freundlicherweise eines seiner Firmenhandys, ich zog mich auf mein Hotelzimmer zurück und ich wählte seine Nummer. Mein Magen schnürte sich mir zu. Ich hätte in diesen Sekunden wohl besser auf mein Bauchgefühl gehört.

Schon nach kurzem Klingeln war ER am Telefon. Oh mein Gott, warum tat ich das?

Ich sagte zu ihm: Ich bin es. Fast zeitgleich hörte ich am anderen Ende nur ein Aufschluchzen und Aufstöhnen und ein komplett veränderter Mensch schien am anderen Ende der Leitung zu sein.

In seinen ersten Sätzen bedankte er sich mehrfach für meinen Anruf. ER BEDANKTE SICH BEI MIR! In den ganzen zehn Jahren zuvor, hatte ER sich niemals nie jemals auch nur für irgendetwas bei mir bedankt. Was war hier geschehen, es war wie im Film. Ich konnte vor lauter Schluchzen kaum ein Wort verstehen.

Er war komplett Out of Order. Er kam mir vor wie ein winselnder Hund. Er war zu einem jämmerlichen Etwas geworden. Wir hatten anscheinend komplett die Fronten gewechselt. Normalerweise befand ich mich in dieser Situation, ich war immer diejenige, die um irgendetwas bettelte oder flehte. Ich lag meist am Boden und musste entsetzliche Situationen ertragen. Jetzt war er es.

Aber anstatt in diesen Minuten Genugtuung und Erfüllung zu erfahren, übermannten mich schreckliche Gefühle. Was hatte ich nur getan, fragte ich mich, wie konnte ich ihn nur so behandeln, was hatte ich aus ihm gemacht? Mich durchfuhr urplötzlich der Gedanke, dass er ohne mich gar nicht leben kann, er war gar nicht dazu fähig, ich dachte in diesen Sekunden, ich müsste nun sofort mein Unterfangen abbrechen und zu ihm nach Hause kehren. Es war einfach nur schrecklich. Übelkeit stieg in mir hoch, ich konnte keinen richtigen Gedanken mehr fassen.

Er sprach davon, dass ein großer Blumenstrauß seit Tagen auf mich am Küchentisch wartete, dass er, wenn ich das so wollte, auch ein Kind mit ihm haben könnte, dass wenn ich zurückkäme, er für einige Zeit in das obere Stockwerk ziehen würde und wir noch einmal ganz von vorne beginnen würden.

Seine Sätze sprudelten wie ein Wasserfall auf mich ein und ich konnte damit überhaupt nicht umgehen. Ursprünglich wollte ich mich einfach nur kurz gemeldet haben, ihm sagen, dass es mir gutginge und dass er mit seinen Nachforschungen und Suchen nach mir aufhören könnte. Aber mit so einer verbalen Eskalation hatte ich nicht gerechnet. Vor allem war ich komplett fassungslos, wie derart zerstört er war. Ich war gerade mal eine Woche weg und er erzählte mir, dass er seither nichts mehr isst und nicht mehr schläft. In die Arbeit würde er auch nicht gehen. Er wäre Tag und Nacht und jede Minute mit mir und meinem Weggehen beschäftigt.

Was war aus ihm geworden? Er der Starke, der Befehlshaber, der mit der großen Klappe, der Macho, der ständig Überlegene, er, den ich in den ganzen zehn Jahren nicht ein einziges Mal habe weinen sehen, er, der ständig den Ton angab? Nach wenigen, schrecklichen Minuten versuchte ich das Gespräch zu beenden, ich meinte zu ihm, dass ich mich erst sammeln müsste und er mir unbedingt Zeit geben müsse. Nach diesem Telefonat war ich absolut fix und fertig. Ich hatte beinahe eine Panikattacke, ich hatte wirklich mit Allem gerechnet, nur damit nicht.

Wenn ich seine Reaktion vorher gewusst hätte, ich hätte natürlich niemals nie den Hörer in die Hand genommen. Woher konnte ich das wissen, ich meinte es wieder einmal nur gut. Gut mit ihm. Warum tat ich das?

Schon nach kurzer Zeit begriff ich, dass ich noch sehr wohl im Spinnennetz hockte, ja, es waren einige Fäden gekappt, aber schon so ein kurzes Telefonat katapultierte mich um Welten zurück.

Ich besprach mich kurz mit meiner Freundin, die mir sofort vorschlug, rauszugehen und wir wollten uns an dem eigentlich schönen Nachmittag gemütlich auf die Terrasse eines schönen Restaurants setzen. Das bestellte Essen rührte ich nicht an, es war mir unmöglich. Mein Magen war komplett zugeschnürt. Ich besprach mich mit meiner neuer Freundin und wir kamen zu dem Schluss, dass ich auf jeden Fall nichts überstürzen durfte und auch auf jeden Fall mich die nächste Zeit nicht mehr melden durfte.

Die Eskapade warf ich um einiges zurück. Ich hatte mir in den letzten Tagen schon so viel erkämpft, ich wollte es nicht wieder verlieren. Es ist richtig harte Arbeit, sich aus den Fängen einer psychopathischen Struktur zu befreien. Hier wird dir nichts geschenkt, absolut gar nichts. Man kann als Außenstehender so jemandem auch kaum helfen, ja, im Außen bei den praktischen Dingen, das funktioniert, aber den Rest muss man komplett alleine schaffen. Und es ein wirklich sehr schwieriges Unterfangen.

Faden für Faden muss gekappt werden, das erledigt sich nicht von heute auf morgen. Auch wenn man das gefühlt so möchte, es wird einem nicht gespielt.

Nach einigen Stunden hatte ich mich nach und nach wieder im Griff. Bei dem Telefonat rutschte ich richtig ab, ich wurde innerhalb weniger Sekunden in die Beziehung zurückgeworfen. Die schlimmste Erkenntnis für mich war, dass ich mich noch so schrecklich verantwortlich für ihn fühlte. Ich fühlte mich schrecklich, ihn so zu erleben. Dabei erlebte ER mich auf diese Art tausendfach, nur machte es mit ihm nichts. Mich zerstörte es fast. Ich erschrak am meisten über mich selbst. Hatte ich tatsächlich noch vor wenigen Minuten gemeint, ich müsste sofort zu ihm zurückkehren? Ich erkannte mich nicht wieder.

Hier war sehr deutlich die Pathologie dieser Beziehungskonstruktion zu erkennen. Ich war gehirngewaschen, man kann es leider nicht anders benennen. Er hatte mich jahrelang einer effektiven Gehirnwäsche unterzogen und solange ich nicht direkt mit ihm in Berührung war, bildete ich mir ein, ich wäre mit meinem Unterfangen schon sehr weit vorangekommen. Das Gegenteil war der Fall. Ich steckte noch wahnsinnig tief drin. Das war der einzig positive Aspekt dieses schrecklichen Anrufs.

Er zeigte mir, wie sehr diese teuflische Verquickung noch Bestand hatte.

Natürlich gab es KEIN Zurück mehr für mich. Sollte ihn doch der Teufel holen! Nach außen hin gab ich mich stark, innen drin war ein zitterndes Häufchen Elend. Ich fühlte mich wie in einer Zwischenwelt gefangen, zur einen Hälfte hing ich noch tief in meiner alten Beziehung drin, auf der anderen Seite war ich noch nirgends angekommen oder hatte auch nur irgendeinen Plan, wo ich wohnen sollte, wo ich arbeiten und leben sollte. Nur eines stand fest, in die alte Heimat gab es kein Zurück mehr, ich war felsenfest davon überzeugt, dass ich dort auch nicht nach Jahren zurückkehren wollte.

Noch in derselben Nacht versuchte ich meine Gedanken zu sortieren, es ist schwierig eine Lage von oben objektiv zu betrachten, wenn man selber mittendrin steckt. Ich war alles andere als objektiv. Ich bereute meinen Anruf, weil er nicht nur nichts für mich brachte, er warf mich sogar um Meilen zurück.

Ich hatte mich wenigstens soweit beruhigt und mich komplett von dem Gedanken der Rückkehr abgewandt. Das war in diesem Moment das Wichtigste. Mein überbordendes Schuldgefühl konnte ich nicht so einfach von jetzt auf nachher abstellen, aber solange ich ihn die nächste Zeit nicht kontaktieren würde, wäre ich zumindest im Außen auf Abstand. Ich musste Tag für Tag nehmen, jeden Tag geschah so viel in meinem Inneren und gleichzeitig im Außen, es war ein hochemotionaler Trip für mich. Er forderte mich auf allen Ebenen.

Am nächsten Morgen wartete das nächste Unheil auf mich.

Ich war mit meinem Auto auf dem Weg in die Innenstadt, als mich der Bekannte meiner Freundin, der mir sein Handy lieh, mit seinem Motorrad überholte. Er deutete mir, dass ich anhalten sollte. Ich ließ mein Fenster runter, und er meinte, wir sollten uns am besten kurz besprechen und verabredeten uns sogleich in einem Café in der Stadt.

Was er mir zu berichten hatte, versetzte mich erneut in regelrechte Panik.

Bei meinem Telefonat am Vortag mit IHM hatte ER wohl trotz aller Tränen und Fassungslosigkeit die Fangschaltung bei sich zuhause aktivieren können, und er bekam trotz unterdrückter Nummernanzeige die Telefonnummer raus, die ihn anrief.

Natürlich wählte er am gestrigen Abend unverzüglich die fremde neue Nummer und kam bei meinem Bekannten raus. Er war aber in die Geschichte eingeweiht und er erzählte IHM, dass er auf einem Firmenhandy gelandet wäre und dass sehr viele Personen dieses Handy verwenden würden. Mein Bekannter versuchte ihn zu überzeugen, dass hier höchstwahrscheinlich eine falsche Übertragung stattgefunden haben musste, denn diese fremde Nummer kam ja auch sozusagen aus dem Ausland. Er meinte zu ihm, dass es sich hier bestimmt um eine Verwechslung handeln müsste, denn er kenne niemanden, auf den meine Beschreibung passen würde.

Anscheinend ließ ER sich am anderen Ende der Leitung tatsächlich soweit bequatschen, dass er sich mit dieser Erklärung zufrieden gab, denn er meldete sich danach nicht mehr bei ihm.

Ich war dennoch in Sorge, mein Bekannter hatte eine Firma, diese Firma hatte einen Firmensitz und dieser Firmensitz und ich waren in der gleichen Stadt. Er hatte ja schon seine Hartnäckigkeit und Eifrigkeit in den letzten Tagen bewiesen, ich musste ihm alles zutrauen. ER hatte ja insgesamt nicht sehr viele Anhaltspunkte, aber dieser war nun einer. Was sollte ich tun?

Man riet mir, zu allererst ruhig zu bleiben. Der Bekannte versicherte mir, dass er ihm wohl erfolgreich den Zahn gezogen hätte mit der Vermutung, ich hätte tatsächlich von diesem Handy aus telefoniert. Aber was, wenn nicht?

Und wieder war ich im alarmierten Zustand. Wollte denn das kein Ende nehmen? Schwierige Beziehungen ziehen schwierige Trennungen nach sich. Und ich steckte mittendrin. Dabei wollte ich nur meine Ruhe und meinen Frieden. Ich wollte einfach nur mein Leben leben, ich hatte ihm alles dagelassen, ihm vieles geschenkt, er hatte sich schon über die Jahre reichlich an mir verdungen, und nach der Trennung musste ich leider vieles dalassen, dass eigentlich mir gehörte bzw. konnte ich einiges nicht mitnehmen, das meine Mutter bezahlt hatte.

Am nächsten Tag, ich war gerade unterwegs von der Stadt zu meinem Hotel, dass am Ortsrand lag, bemerkte ich beim Einfahren zu den Parkplätzen ein besonderes Auto. Der Parkplatz war beinahe voll belegt, aber ein Auto stach mir sofort in die Augen. Es war um einiges höher, als ein normaler PKW, und schon von weitem konnte ich es ausnehmen.

ER besaß ein solches Auto, dass, wie gesagt, eine spezielle Höhe hatte, obwohl es kein Transporter oder ähnliches war, nicht einmal die hauseigene Garage konnte er nutzen, da er mit diesem Auto wegen der Höhe nicht reinpasste. Und nun stand in einiger Entfernung auf dem Parkplatz genau dieses Auto, es war ein seltenes Modell mit der gleichen Lackfarbe, mein Puls raste auf hundert. Er hatte mich gefunden, schoss es mir durch den Kopf! Was sollte ich nur tun? Die Gedanken überschlugen sich... Wo war er? Wartete er im Auto? War er bereits im Hotel? Das konnte ich leider nicht erblicken, da er von links und rechts eingeparkt war. Oder wartete er vielleicht schon auf meinem Zimmer?

Er würde sich an der Rezeption bestimmt eine wundervolle Geschichte einfallen lassen, um in mein Zimmer zu gelangen, schließlich waren wir ja auch noch verheiratet.

Ich hatte ein riesiges Problem. Obwohl ich panische Angst hatte, musste ich der Sache auf den Grund gehen. Wenn ich jetzt flüchtete, löste dies nicht mein Problem, zumal sich meine sämtlichen Sachen auf dem Zimmer befanden.

Ich musste aber vorsichtig sein. Vielleicht lag ich auch falsch? Aber dieses bekannte, seltene Auto, das plötzlich auf dem Hotelparkplatz stand löste in mir Alarm aus.

Ich parkte seitlich vom Hotel, wo man mich erstens nicht sofort sah und zweitens war der Weg nur kurz zur Hotelrezeption. An der Rezeption fragte ich, ob es für mich Nachrichten oder ähnliches gab, die Dame verneinte. Gut, was blieb mir als nächstes auf mein Zimmer zu gehen und die Lage zu checken.

Er konnte überall sein, er war immer sehr findig in seinen Bemühungen mich zu traktieren. Als normaler Mensch kann man sich gar nicht ausmalen, mit welch grausamen Ideen er mich oft quälte.

Vorsichtig legte ich die Codekarte an die Türe, ich öffnete....mein Zimmer war leer und es schien so, als ob hier auch niemand gewesen wäre. Was ist aber, wenn ER doch noch im Auto saß und auf eine günstige Gelegenheit wartete.

Ich hatte einen Plan, ich rief zuhause bei meinem Informanten an. Gott sei Dank hatte ich ihn sofort in der Leitung, ich erklärte ihm kurz und knapp, worum es ging, und bat den Informanten, er solle unter einem Vorwand am Haustelefon von IHM anrufen, einfach nur um sicherzustellen, dass ER auch wirklich zuhause war. Gesagt, getan, nach elendigen langen Minuten klingelte mein Handy. ER war zuhause! ER war nicht hier! Es war nicht SEIN Auto! Ich ließ mich zurück auf mein Bett fallen, ich befand mich in einem grausamen Thriller!

Wann sollte der Zeitpunkt kommen, wo ich mich endlich in Sicherheit fühlen konnte? Die Tage vergingen und meine neue Freundin machte mir den Vorschlag, dass ich auch bei ihr wohnen könnte. Sie war Single und hatte eine eigene kleine Wohnung. Meine Finanzen waren knapp bemessen und so war ich dankbar für diese Idee. Der Sommer neigte sich langsam dem Ende zu und ich musste meinen weiteren Lebensweg planen. Ich wollte in dieser Stadt bleiben, da ich hier schon ein paar Bekanntschaften hatte und außerdem waren die Stadt und Landschaft sehr reizvoll. Ich war etwas unschlüssig, denn meine ganze Familie hatte mich seit Wochen nicht mehr gesehen. Klar, ich meldete mich regelmäßig, aber die Situation war nach wie vor sehr angespannt.

Mir kam vor, dass jeder nur darauf wartete, bis ich endlich zu Besinnung kam und reumütig wieder nach Hause zurückkehrte. Ich machte auf die Außenstehenden den Eindruck einer komplett Durchgeknallten. Keiner verstand mein Handeln. Es war ihnen zu einem Teil auch nicht zu verdenken, sie kannten nicht die Wahrheit. Auf der anderen Seite fragte auch keiner direkt, warum ich so einen drastischen Weg eingeschlagen hatte. Ich denke, es liegt auf der Hand, dass ein Mensch niemals ohne Grund aus einer Beziehung heraus die Flucht ergreift und für längere Zeit untertaucht. Ich hatte weder noch Alkohol-, Drogen- noch finanzielle Probleme. Meine psychischen Schäden waren zwar vorhanden, aber davon hatte auch keiner Kenntnis.

Die Zeit verging und ich hielt Ausschau nach einer geeigneten Mietwohnung für mich. Ein Job musste ebenso her. Als der Herbst schon begann und die Tage nicht mehr nur sonnig waren, stellte sich bei mir eine unangenehme Beklommenheit ein. Ich bekam große Angst vor der Zukunft und meine anfängliche Motivation und positive Euphorie wichen einer großen Unsicherheit. Ich fühlte mich schwach, leer und traurig. Es war so, dass ich das Gefühl hatte, dass der Sommer mich mit seinen positiven Vibes mittrug und mich mit Kraft, Schwung und Elan ausstattete. Dennoch kosteten mich die letzten zwei Monate immense Kraft, ständig war ich im angespannten Fluchtmodus, das zehrte an meinen physischen wie psychischen Kräften, ich war ausgelaugt und fühlte mich leer und einsam.

Ich hatte keine Ahnung, wie viel Kräfte diese Flucht von mir abverlangen würde, ich fühlte mich so, als hätte ich mein letztes Pulver verschossen. Eines grauen und trüben Morgens wachte ich auf und mit einem Mal packte mich die nackte Angst, ich hatte eine grauenvolle Panikattacke. Plötzlich war der verhangene Himmel für mich so, als würde ich in einer Sackgasse stecken, es ging nichts vorwärts und nichts zurück. Ich brauchte eine Perspektive, ich wollte zurück zu meiner Familie, ich wollte Stabilität und Selbstvertrauen gewinnen.

Von IHM hatte ich schon länger nichts mehr gehört, da ich es nicht wagte, nochmal bei ihm anzurufen, die Kräfte, die mich so ein Telefonat kosteten, brauchte ich für mich selbst. Von meinem Informanten wusste ich, dass es ihm sehr schlecht gehen würde, er würde kaum noch essen und seine Arbeit vernachlässigen. Mich interessierte es nur am Rande, ich war genug mit mir selbst beschäftigt.

Ich entschloss mich an diesem Morgen, Kontakt mit meiner Schwester aufzunehmen, sie wohnte ca. eine Fahrstunde entfernt von meinem alten Zuhause. Ich wollte vorerst unter Vorbehalt in sicherer Entfernung zurückkehren, um dann die noch ausstehenden Angelegenheiten zu regeln. Ich wollte einerseits die baldige Scheidung und andererseits waren noch einige Sachen von mir im Haus, die ich nach Möglichkeit noch abholen wollte.

Aber in erster Linie wollte ich in mein familiäres Umfeld zurück, ich befand mich hier in der Fremde unter Fremden. Sie waren allesamt sehr nett zu mir, hatten mir großzügig geholfen und zur Seite gestanden, aber sie hatten auch ihre Aufgaben, ihre Jobs und Familien.

Die Zeit hier war für mich abgelaufen. Der zeitliche Sicherheitsabstand zu IHM war gegeben, ich hoffte, dass auch seine Hoffnungen auf eine Wiederkehr stark geschmälert wurden, alleine aus dem Grund, dass ich mich nicht mehr bei ihm meldete.

Meine Schwester freute sich über meinen Anruf und sie meinte, ich könne gerne übergangsweise zu ihr ziehen. Es erschien mir im Moment die beste Lösung. Vom sicheren Heim meiner Schwester aus konnte ich dann in Ruhe meine Angelegenheiten regeln.

Natürlich gab es in mir die Stimme, die sagte, dass es ein großer Fehler sein könnte, mich wieder in den näheren Raum zu meinem alten Umfeld zu begeben. Es fiel mir auch nicht leicht. Bis jetzt folgte ich der Straße ausschließlich in die Richtung, die von ihm wegführte, und mit jedem Kilometer dehnte sich meine Seele aus und ich konnte freier atmen, ich warf mehr und mehr Ballast ab und fühlte mich nach und nach unbeschwerter, als würde man sich von den Fängen eines Scheusals befreien.

Und nun sollte ich mich wieder in seine Richtung aufmachen? Es fühlte sich für mich an wie ein Einknicken, wie ein Aufgeben, eine Rückkehr. Alles wollte ich, nur DAS nicht!

Die Alternative bestand darin hierzubleiben, oder die Entfernung zwischen ihm und mir noch zu vergrößern, und beides fühlte sich zumindest im Moment für mich nicht gut an. Ich hatte in diesen Tagen nicht die mentale Stärke, ich suchte Schutz, Ruhe und Wärme. Die Zeit des Kämpfens musste eine Pause einlegen. Ich hatte keine Kraft mehr.

Bevor ich wieder in meine alte Angsterkrankung reinschlitterte, zog ich die Notbremse.

Ich packte meine Habseligkeiten in mein Auto und verabschiedete mich von den guten Menschen, die mir in meiner Not zur Seite standen. Sie hatten einen unbezahlbaren Dienst für mich geleistet. Bis heute ist ihnen wahrscheinlich nicht klar, wie viel sie zu meiner gelungenen Flucht beigetragen haben. Jeder nur ein Quäntchen und in Summe ein großer Gewinn für meine Loslösung.

Der Herbst war gekommen und weg waren die sommerlichen Gefühle, die wärmenden Sonnenstrahlen, die Leichtigkeit, die schöne Sommertage mit sich bringen, die Ausgelassenheit, die Seele baumeln lassen, in den Tag reinleben. Wie hatte ich, trotz aller widrigen Umstände, die mich begleiteten, viele schöne, losgelöste Stunden verbracht. Herbst bedeutete für mich zurück zu den Pflichten, vorbei mit dem Urlaubsfeeling, ich musste jetzt mein Leben konkret planen und wieder zu einer gewissen Normalität zurückkehren.

Am Tag meines Abschieds flossen einige Tränen, ich war mit so viel Zuversicht hierhergekommen und lange wollte ich auch hier meine Wurzeln schlagen, und nun saß ich im vollgepackten Auto um mich auf den Weg zurück zu machen. Da ich, was die Verschwiegenheit betraf, voll und ganz auf meine Schwester vertrauen konnte, würde ER es zumindest nicht so schnell erfahren, dass ich wieder in seine Nähe gezogen war. Und wenn noch einmal einige Wochen vergangen waren, bis es ihm doch zugetragen wurde, starben vielleicht noch die letzten Funken von Hoffnung bei ihm, bezüglich einer Rückkehr meinerseits.

Es war ein grauer, verhangener Sonntag an dem ich mich in Richtung Heimat aufmachte. Mit Wehmut erinnerte mich an meinen Fluchttag, der nun schon einige Zeit zurücklag. Was hatte ich schon alles geschafft! Ja, ich konnte stolz auf mich sein, ich ging meinen Weg ohne zurückzublicken und ohne einzuknicken. Lediglich das Telefonat mit ihm, ließ mich für einige Stunden sehr geschwächt mit einem immensen falschen Schuldgefühl zurück. Es zeigte mir, dass seine jahrelange Gehirnwäsche noch sehr gut funktionierte. Aber wichtig war für mich, diese übermächtigen Gefühle, die er in mir auslöste, nicht anzuschauen, sondern sie zu durchschauen. Nur das brachte mich vorwärts. Aber es war harte Arbeit, und es dauerte noch viele Jahre, um diese kranke Gedankenstruktur nach und nach aus meinem Gehirn zu verbannen.

Meine Gefühle an diesem Tag waren zwiegespalten. Einerseits freute ich mich auf mein familiäres Umfeld, auf Ruhe und ein Zuhause, auf der anderen Seite bewegte ich mich geographisch wieder auf ihn zu. Ich war zwar in sicherer Entfernung, aber es behagte mir nicht wirklich.

Ich wollte mich gedanklich aber nicht runterziehen lassen, ich musste nach vorne schauen und der Fokus sollte einzig und allein auf mich und mein Leben gerichtet bleiben. Wenn ich mich an meinem neuen Zuhause etwas eingelebt hatte, wollte ich so rasch wie möglich die Scheidung, ein paar Sachen noch aus dem alten Zuhause holen und das Buch für immer und ewig zuklappen.

Nie wieder mochte ich mit ihm auch nur in irgendeiner Weise zu tun haben. Gott sei Dank sind dieser Ehe keine Kinder entsprungen. Es wäre ein absoluter Horror gewesen. Eine Heirat kann man relativ einfach durch eine Scheidung beinahe wieder ungeschehen machen. Aber Kinder bleiben, sie verbinden einen ein Leben lang mit dem Ex. Man muss ständig im Austausch bleiben, und der Kontakt wird nie richtig abreißen. Dieses Los blieb mir wenigstens erspart. Kinder mit einem Expartner zu haben, wo es einfach nicht geklappt hat, ist ein gänzlich anderes Thema. Kinder mit einer psychopathischen Struktur sind ein ganz hartes Los.

Ich musste daher nur mich retten, meine ganze Konzentration lag auf mir, meine ganze Kraft konnte ich ausschließlich für mich einsetzen.

Die Stunden vergingen auf der Autobahn und ich bewegte mich immer weiter vorwärts in heimatliche Gefilde. Am Nachmittag kam die Sonne raus, die mein Gemüt etwas aufheiterte. Beim Halten an einer Raststation atmete ich tief durch, nur noch eine kurze Distanz trennte mich vom Wohnort meiner Schwester. Ich musste mir gut zureden, denn einfach war diese Rückkehr nicht.

Mein Fluchttrieb war noch immer aktiviert, er hielt mich wahrscheinlich am Leben. Ohne ihn säße ich noch heute in meinem goldenen Käfig und ließ mich von meinem Tyrannen quälen. Irgendwann kommt man in einer stark destruktiven Beziehung an einen Punkt, wo du nur noch überleben möchtest. Wo alles gilt, hopp oder top. Ich brauchte ganze zehn Jahre meines jungen Lebens um aufzuwachen, um den Schalter umzulegen, um mein Leben zu retten. Du verfluchst im Nachhinein jedes einzelne Jahr, dass du in diesem Gefängnis verbracht hast, einerseits freiwillig durch die konsequente Gehirnwäsche, auf der anderen Seite gezwungen durch die ständigen Drohungen.

Deshalb fiel mir meine Rückkehr in die Nähe meiner alten Heimat sehr schwer, es fühlte sich etwas wie Aufgeben oder Einknicken an.

Als ich bei meiner Schwester ankam, bemühte ich mich fürs Erste die negativen Gedanken beiseite zu stellen. Meine beiden Nichten waren noch sehr klein, das Haus war belebt und sie lenkten mich sehr gut ab. Meine Schwester bombardierte mich mit keinen Fragen und so konnte ich in Ruhe ankommen. Schon am nächsten Morgen kümmerte ich mich um einen neuen Job und eine eigene, kleine Wohnung. Das Leben bei meiner Schwester konnte kein Dauerzustand werden. Beides hatte ich tatsächlich innerhalb zwei Wochen gefunden.

Voller Stolz bezog ich nach schon kurzer Zeit meine erste eigene Wohnung. Ich konnte es kaum erwarten und bevor noch die ganzen Möbel aufgebaut waren, schlief ich bereits auf einer Matratze auf dem Boden. Hier kehrte zum ersten Mal seit meiner Flucht endlich Ruhe ein. Ich war nicht mehr auf den Straßen unterwegs und in ständig wechselnden Unterkünften zuhause, hier hatte ich erstmalig einen Ruhepol.

Ich kam entspannt abends von der Arbeit nachhause und mich erwartete kein Stress oder Ärger. Obwohl von außen betrachtet meine Situation gut geklärt schien, spürte ich eine große aufkommende Unzufriedenheit in mir. Ich fühlte mich dermaßen fehl am Platze, egal wo ich mich aufhielt. Ich wusste diesem Gefühl nicht wirklich zu begegnen.

Nachdem eine gewisse Zeit an meinem neuen Wohnort vergangen war, wollte oder vielmehr musste ich mich wohl oder übel bei meinem Expartner melden. Ich wollte so rasch wie möglich die Scheidung vorantreiben und mir noch ein paar Dinge aus dem Haus holen, die mir gehörten.

Ich besprach mich mit meiner Schwester und meinem Schwager. Wir hatten folgende Idee: Ich wollte mich mit IHM an einem öffentlichen Ort treffen und mein Schwager fuhr zur Sicherheit mit und wollte im angemessenen Abstand auf Abruf bleiben. Am Telefon war ER sehr freundlich und war mit allem einverstanden, was ich ihm vorschlug. Er freute sich natürlich auf das Treffen. Es war natürlich klar, dass wir beide komplett konträre Ambitionen hatten, was das Treffen betraf. Aber wir mussten uns besprechen und nach Hause zu ihm wollte ich nicht.

Am besagten Tag fuhren wir zum vereinbarten Treffpunkt, es war ein Schnellrestaurant in einiger Entfernung. Mein Schwager stieg bereits kurz vorm Ziel aus. Ich fuhr weiter auf den Parkplatz und da sah ich ihn schon vor der Eingangstüre stehen. Ich konnte nicht glauben, was ich da erblickte. Ich war fassungslos. Ein komplett abgemagerter, schlecht aussehender Mensch stand da vor mir. Die Kleidung schlotterte und hing traurig an ihm runter. Er war ein Bild des Jammers. In so einer derart schlechten Verfassung hatte ich ihn die ganzen Jahre nicht gesehen. Anscheinend konnte er die letzten Monate kaum mehr essen vor lauter Kummer. Was war hier nur geschehen? Wir hatten in allen Punkten die Rollen getauscht. Nun war er der Leidende.

Kleinlaut gab er sich in seiner Art. Wir gingen rein und setzten uns an einen Tisch. Eigentlich wollte ich nur kurz klären, wie wir nun weiter vorgehen würden, sprich ich wollte die praktischen Details klären, nur er hatte ganz anderes im Sinn. Er wollte mich natürlich zurückgewinnen, dies war sein Moment. Seit Monaten hatten wir keinen Kontakt mehr bzw. ließ ich keinen zu und somit hatte er nun endlich seine Gelegenheit.

Er legte sofort seine Hände auf mein Knie und rutschte ganz nah an mich ran. Mir war das alles dermaßen unangenehm und setzte mich kurzerhand gegenüber von ihm. Was dachte er sich nur? Dass ich nun einen Schalter umlegen würde und am nächsten Tag wieder bei ihm einziehen würde? Im nächsten Moment meinte er, er hätte ein Geschenk für mich. Auch das noch! Kein Geschenk auf dieser Welt konnte mich dazu bewegen, zurückzukehren. Er gab es mir und meinte, ich dürfte es erst zuhause öffnen. Ich war dermaßen überrumpelt von dieser Aktion, ich hatte mich anscheinend schlecht auf dieses Treffen vorbereitet. Es war natürlich sonnenklar, dass ER alles versuchen würde, mich umzustimmen.

Ein fühlender Mensch braucht keinen psychopathischen Charakter an seiner Seite, aber ein psychopathischer Charakter braucht einen fühlenden Menschen zum Überleben.

Sie vergehen wie eine Primel, ohne einen anderen Menschen anzuzapfen. Sie brauchen ihn wie die Luft zum Atmen.

Mir war das alles zu diesem Zeitpunkt natürlich nicht klar. Nicht in Ansätzen konnte ich damals verstehen, was mir hier in den letzten zehn Jahren geschehen war. Alles, was ich unternahm, war rein instinktiv und aus einem Gefühl heraus entschieden. Somit konnte ich jetzt in dieser Situation auch nicht angemessen reagieren, ich wollte so schnell wie möglich wieder weg von hier. Er bohrte und löcherte mich unentwegt mit Fragen zu meiner Rückkehr. Um ihn zu beschwichtigen, meinte ich, dass ich mir das alles noch in Ruhe überlegen müsste. Das entsprach natürlich überhaupt nicht der Wahrheit. Ich wollte ihn nur nicht provozieren und aus der Reserve locken, ich hatte nach wie vor Angst vor ihm.

Er drängte sich mir regelrecht auf, ständig versuchte er mich zu sich zu ziehen und mich anzufassen. Mir war das alles zuwider. Und ich wollte nicht wieder in die Schuldfalle tappen, die mir bei unserem ersten Telefonat passiert war. Ich war hier die Letzte, die an irgendetwas Schuld hatte. Ich erkannte ihn in seiner Art nicht wieder. Nie war er in so einer schwachen Verfassung, anbiedernd und jammernd. Er faselte ständig von unserer Zukunft und wie sie aussehen könnte. Er wollte sich an unserem alten Zuhause im oberen Stockwerk eine Wohnung einrichten und ich sollte im Erdgeschoß wohnen, so sollten wir einen Neuanfang simulieren. Ich wollte dieses ganze Geschwätz nicht hören, dafür war ich nicht hergekommen. Nach zehn absolut widerlichen Jahren in dieser Ehehölle meinte er unverblümt, man könne einfach so einen Neuanfang starten, und danach sollte alles gut sein? Wie solche Menschen nur ticken. Er widerte mich an. Konnte er allen Ernstes glauben, dass ich die Qualen der letzten Jahre einfach so vergessen würde? Er meinte wohl, dass die Trennung mehr mit mir selbst zu tun hatte, weniger mit ihm. Vielleicht hätte ich auch nur eine zeitweilige Krise, sie haben kein Bewusstsein und kein Gefühl dafür, wie viel verbrannte Erde sie hinterlassen.

Hier zeigt sich wieder, dass eine psychopathische Struktur absolut unfähig ist, sich in einem anderen Menschen hineinzuversetzen. Wahrscheinlich schon innerhalb weniger Tage würde ihm seine Erniedrigung, im oberen Stockwerk wohnen zu müssen, stinken, und nach ein paar weiteren Tagen hätte ich den alten Psychopathen wieder vor mir stehen. So viel war mir schon in den damaligen Tagen bewusst.

Er hatte wahrscheinlich alle Karten auf dieses Treffen gesetzt, um mich endlich wieder zurückzubekommen. Was war ich dumm! Dachte ich wirklich, er würde mich so einfach ziehen lassen, nach alldem was ich mit ihm durchgemacht hatte? Natürlich nicht. Aber ich besaß keinen Leitfaden, der mich gut und sicher aus dieser Beziehung raus führte. Ich war unwissend und naiv und selbst nicht in der allerbesten Verfassung.

Wir hatten beide kaum etwas gegessen und ich wollte so schnell wie möglich weg von hier. Es kostete mich immense Kraft, ihn hier vor mir zu haben. Er passte nicht mehr in mein Leben, es gab keinen Platz mehr für ihn, ich hatte mich weiterentwickelt und ich befand mich auf meinem Weg in ein komplett neues Leben. Allein die praktischen Dinge mussten noch geklärt werden.

Mehrmals beschwor ich ihn, weil ich meine Ruhe haben wollte, dass ich noch etwas Zeit bräuchte.

Fürs erste konnte ich ihn hinhalten, und Gott sei Dank gab er sich auch damit zufrieden. Natürlich musste ich ihm irgendwann reinen Wein einschenken, aber heute war nicht der richtige Zeitpunkt, ich hatte keine Kraft mehr.

Ich wollte mich wieder bei ihm melden, so die Vereinbarung. Aufgewühlt und mit Magenschmerzen fuhren wir beide wieder zurück nach Hause. Ich war meinem Schwager sehr dankbar für seine unsichtbare Unterstützung. In meiner Tasche befand sich noch sein Geschenk. Ich öffnete es, und darin lag ein Haustürschlüssel, sein Haustürschlüssel. Oh mein Gott, wie ein böser Fluch verfolgte mich dieser Schlüssel. Ich hatte ihn an meinem Fluchttag in den letzten Sekunden vor meiner Abfahrt beim Kellerfenster eingeworfen, symbolisch für mich, sodass es für mich keine Rückkehr geben konnte, egal was passieren würde. Und nun lag dieser gottverdammte Schlüssel wieder in meiner Tasche!

Irgendwo fand ich das Geschenk auch billig, er wollte mich unbedingt zurück mit allen Mitteln, er war verzweifelt und er wünschte sich nichts mehr, allein, was tat er? ...er schenkte mir seinen Haustürschlüssel! Ein Achtkaräter hätte zwar auch nichts bewirkt, aber selbst in dieser Ausnahmesituation war ich ihm nichts wert.

Hier griff das altbewährte Sprichwort: achte nie auf das, was ein Mensch sagt, sondern auf das, was er tut.

Zuhause angekommen musste ich dieses Treffen erst einmal wieder verdauen, er setzte mir mit seiner Person nach wie vor sehr zu. Nur die absolute Trennung ließ mich zur Ruhe kommen. Aber ich wusste, dass ein weiteres Gespräch auf mich wartete, denn ich war nicht ehrlich zu ihm und schon bald müsste ich Farbe bekennen. Mir graute schon davor, nur hatte ich keine andere Wahl.

Mich ließ seine bemitleidenswerte Verfassung keine Ruhe. Innerhalb weniger Monate war er komplett verfallen. Ich konnte es in meinem Kopf nicht einsortieren. Er war stets der Stärkere, der Coole, der Bestimmer, der Chef von allem. Konnte er all das nur sein, weil er mich an seiner Seite hatte? Konnte er nur durch mich diese dominante Figur einnehmen? Waren seine täglich inszenierte Stärke und Coolness bloß nur Bluff? Spätestens jetzt zeigte sich, wie wenig Substanz er in Wirklichkeit besaß. Ich hatte ihm den Hahn abgedreht, die Quelle, die er jeden Tag anzapfte, war versiegt. Sie können aus sich selber keine Kraft schöpfen, sie sind hohl und leer, sie brauchen ohne Ausnahme eine Quelle an ihrer Seite, von der sie sich jeden Tag speisen können. Vermutlich war ihm das nicht einmal selber klar. Bis dahin war er in seinen jungen Jahren immer gut durch mich versorgt worden.

Ich war diejenige, die in dieser Beziehung psychisch krank wurde, ich litt jeden einzelnen Tag und er war derjenige, für den die Welt absolut in Ordnung war. Das ist die verdrehte Welt einer psychopathischen Beziehung.

Es ist insgesamt betrachtet, ein schwer zu durchschauendes Konstrukt. Ich benötigte viele Jahre um nach und nach die einzelnen Puzzleteile aneinander zu fügen.

Die Wochen vergingen in meinem neuen Zuhause und an meiner neuen Arbeitsstelle. Ich war sehr unglücklich in meiner Situation. Alles fühlte sich zerrissen und falsch an. ER meldete sich öfter telefonisch mit Belanglosigkeiten, wahrscheinlich wollte er mich nur warmhalten. Ich fühlte mich einsam und verlassen, der neue Job machte mir überhaupt keinen Spaß und ich fühlte mich komplett falsch am Platz. Ich wusste, dass ich weder an meinem neuen Wohnort, noch an meiner neuen Arbeitsstelle alt werden würde. Hier war nicht der Ort, wo ich bleiben wollte. Gott sei Dank hatte ich nur einen Zeitvertrag unterschrieben. Eines Abends zuhause schnappte ich mir eine Karte von Deutschland, ich wollte mir eine schöne Stadt suchen, in der ich leben wollte, zumindest für eine gewisse Zeit. Ich hatte mir Frankfurt/Main auserkoren, sie lag mittig in Deutschland, dort gab es bestimmt reichlich Jobs und es war eine Großstadt. Ich wollte unbedingt in eine Großstadt ziehen, den Mief der Kleinstädte und Dörfer, wo alle und jeder sich kannte, wollte ich hinter mir lassen.

Nur musste ich vorher mit IHM reinen Tisch machen, ich kam nicht drumherum, ich musste Farbe bekennen und konnte ihn nicht länger hinhalten. Es lag mir schwer im Magen, aber ich hatte keine andere Möglichkeit.

Ich wollte mir sowieso noch ein paar sperrige Gegenstände von zuhause holen, die noch mir gehörten und bei diesem Treffen würde ich ihm die Wahrheit sagen. Danach wollte ich die baldige Scheidung regeln um dann von hier wieder die Biege zu machen. So hatte ich mir das zurechtgedacht.

Bei einem Telefonat vereinbarten wir ein Treffen bei ihm zuhause. Ich wollte mir unter anderem noch mein geliebtes Ölgemälde holen, das mir meine Mutter einmal schenkte. Sie fand es bei ihrem damaligen Arbeitgeber auf dem Dachboden und kurzerhand schenkte er es meiner Mutter. Und sie schenkte es mir weiter. Wir hatten es nie schätzen lassen, aber es war ein sehr schönes Ölgemälde mit einem faszinierenden Motiv und einer sanften Ausstrahlung. Ich sagte ihm beim Telefonat, dass ich ebenso mein Bild mitnehmen würde. Er hatte nichts dagegen. Ich wusste, dass er immer vermutete, dass es sich womöglich um ein wertvolles Gemälde handeln könnte, und so dachte ich, dass er es eventuell nicht hergeben wollte. Aber er stimmte zu.

Die letzten Kontakte mit ihm waren stets ruhig und besonnen, und so hatte ich keinerlei Bedenken eines Abends im Spätherbst alleine zu ihm zu fahren.

Das letzte Treffen lag einige Wochen zurück und er war mir sehr devot und vorsichtig begegnet, die letzten Telefonate waren insgesamt betrachtet sehr ruhig und niemals wurde er ausfällig oder drohend. Klar, er wollte mich zurückhaben und so zeigte er sich seit der Trennung natürlich von seiner besten Seite.

Seit meinem Weggang war ich diese Strecke nicht mehr gefahren, aber der zeitliche und räumliche Abstand hatten mir gutgetan und so fuhr ich relativ unbedarft zu meinem alten Zuhause.

Es war eine kalten Nebelnacht, Ich ließ gedanklich meine Flucht Revue passieren und bis auf ein leicht komisches Gefühl in der Magengegend war ich guter Dinge, dass ich heute Abend den Rest noch klären würde, damit ich frei und ohne Anhang in mein neues Leben aufbrechen konnte.

Ich war in meinem Inneren schon sehr weit weg von dieser Beziehung, eigentlich war ich schon Jahre zuvor mit ihm fertig, seit Jahren wusste ich, dass dies hier nicht mein Leben sein kann. Seit Jahren war mir klar, dass es nicht in Ordnung ist, einen Menschen so zu behandeln. Nur vergaß ich anscheinend wohl, dass ER, was diesen Trennungsprozess betraf, mit mir überhaupt nicht gleichauf war. Er steckte noch tief drin, für ihn war hier überhaupt nichts beendet.

Ich kam an und klingelte an seiner Haustüre. Mit einem leichten Schmunzeln öffnete er die Türe. Wir gingen in die Küche und erzählten uns banale Dinge. Es fühlte sich alles sehr surreal an, eigentlich war es einmal meine Küche und heute stand ich hier rum wie eine Fremde.

Ich merkte sehr schnell, dass ich überhaupt nicht mehr die war, die hier vor ein paar Monaten den Abgang machte. Ich war in vielen Bereichen wer völlig anderes geworden, im Innen und im Außen hatte sich sehr viel bei mir getan. Er meinte ebenso, dass ich mich sehr verändert hätte. Wie er das bloß meinte? War ich vielleicht nicht mehr sein devotes Opfer? War ich ihm zu selbständig geworden, hatte ich es gewagt, ihm den Rücken zu kehren? Lebte ich nun tatsächlich mein eigenes Leben, ganz ohne Anweisung und Bestimmungen seinerseits?

Ich stand am Fenster, ich wollte mich nicht einmal setzen, denn ich wollte das hier schnell erledigt haben.

Er erzählte mir, welche neuen Hobbys er angefangen hätte, und wenn ich Lust hätte, könnte ich sie ja mit ihm teilen. Voller Inbrunst schwärmte er mir vor, was er nun alles in seinem Leben geändert hätte, als wolle er mir sagen, welch komplett veränderter Mensch er nun sei. Was erzählte er mir da?

Ich merkte schnell, dass seine Hoffnungen wohl noch sehr groß waren, dass ich zu ihm zurückkehrte. Es war jetzt an der

Zeit ihm reinen Wein einzuschenken. Ich wollte es vorsichtig beginnen.

Ich berichtete ihm von meiner Unzufriedenheit in meinem neuen Job, und dass ich neue Pläne in meinem Kopf hatte. Ich wollte vielleicht das Land verlassen, um woanders neu zu starten, dass zwar noch nichts fix wäre, aber dass ich es zeitnah umsetzen wollte.

Plötzlich wurde er sehr ruhig und er visierte mich mit einem abwartenden Blick, dann meinte er zu mir, dass ich ihm hier und jetzt klipp und klar sagen solle, ob es für mich eine Wiederkehr gäbe.

Es gab jetzt kein Zurück mehr, und wenn ich die Sache wirklich abschließen wollte, musste ich ihm es jetzt sagen.

Ich drehte mich zum Fenster und sagte kleinlaut, dass ich nicht mehr zurückkommen würde, dass das nicht möglich sei.

Er fragte abermals nach, ob das nun mein letztes Wort sei. Nach einer kurzen Pause bejahte ich.

Ich drehte mich wieder um, und er meinte, gut, dann wisse er ja Bescheid. Mit einem entschuldigenden Achselzucken meinte ich, dass ich nun gerne meine Sachen holen würde.

Und in diesem Moment konnte ich es wieder sehen. Ich kannte diesen Blick, diese Haltung von ihm nun schon seit zehn Jahren und ich wusste, dass es nun nicht mehr lange dauern würde und aus Mr. Jekyll würde innerhalb kürzester Zeit Mr. Hyde werden.

Mir schnürte es die Kehle zu. Ich musste jetzt schnell sein und ich durfte ihn jetzt nicht provozieren. Ich verfluchte mich in dem Moment, niemanden mitgenommen zu haben. Ich hatte noch nicht mal jemanden erzählt, dass ich heute Abend alleine zu ihm fahren wollte. Was hatte ich nur wieder getan?

Kannte ich ihn denn nicht schon gut genug? Wieso sollte er innerhalb ein paar Monate ein anderer Mensch geworden sein! Natürlich war er immer noch der Gleiche. Seine devote Zurückhaltung diente nur der Tatsache, dass er noch auf mich hoffte.

Allein das war der Grund. Letztendlich ging es wieder nur um ihn, er wollte sich zurückholen, was ihm genommen wurde.

Er stand vor mir im Türrahmen, der aus der Küche raus führte. Ich wollte so schnell wie möglich weg von hier.

Ich wusste, dass mein Ölgemälde im Schlafzimmer hing, und eigentlich musste ich nur über den Flur ins Wohnzimmer, von da gelangte man ins Schlafzimmer.

Ich fragte ihn nochmal, ob das jetzt in Ordnung wäre, meine vereinbarten Dinge zu holen? Er blieb beharrlich im Türrahmen stehen und meinte mit einem ernsten Ton zu mir, dass ich hier überhaupt nichts mitnehmen werde.

Wie war das? Eben noch vor wenigen Minuten empfing er mich noch freundlich und wohlgesonnen und schon innerhalb kürzester Zeit hatte ich wieder Mr. Hyde vor mir stehen. Nichts hatte sich geändert, alte Erinnerungen wurden wach. Ich bekam Angst, ich war alleine hier, ich war unvorbereitet, niemand wusste, dass ich hier war.

War es ein Fehler so unbedarft hierherzukommen? Am Telefon waren wir uns noch einig, aber höchstwahrscheinlich war er es nur so lange, wie er hoffte, mich zurückzubekommen. Es war naiv von mir zu glauben, dass das Wohlwollen mir gegenüber ganz ohne Gegenleistung vorhanden war.

Er wusste, wie viel mir dieses Gemälde bedeutete und genau deshalb sollte ich es nicht bekommen. Seine Quälereien hatten noch kein Ende gefunden. Einen Angriff meinerseits konnte ich mir sparen, ich war auf der schwachen Position. Ich fragte ihn, ob ich denn wenigstens mein Geschirr mitnehmen könne. Es war ein Service, das mir meine Mutter vor Jahren schenkte, es gefiel ihm überhaupt nicht, und deshalb stand der original verpackte Karton seit Jahren im Schrank. Ich hatte mir aus der Küche nicht einen einzigen Teller oder sonstiges Geschirr mitgenommen. Und ich hätte dieses Service in meiner Situation gut gebrauchen können, zumal er es selbst nicht wollte.

Mit einem eiskalten Blick sagte er mir, dass ich auch das Geschirr nicht kriegen würde. Nichts bekommst du, meinte er, gar nichts.

Zum Teufel, warum war ich überhaupt hierher gefahren? ER hatte nur ein Ziel, er wollte die Lage checken, ob ich eventuell an eine Rückkehr dachte. Alles drehte sich bei diesem Treffen nur um IHN, er scherte sich einen Dreck um meine Sachen oder meine Belange. Alles wie immer.

Wütend vor ihm zu werden hatte keinen Sinn, diese Lektion hatte ich in der Beziehung gelernt. Ich schluckte meine Wut runter, ich musste jetzt schnell handeln, ich begriff jetzt recht schnell, was für ein Spiel hier lief. Ich fragte ihn noch ablenkend, warum er das alles hier tat, wir wären uns doch am Telefon einig gewesen. Desinteressiert schaute er mich an, es war ihm sowas von egal.

Und genauso waren seine Versprechen in all den Jahren, wenn er Lust hatte, hielt er sie, aber meistens hatte er keine Lust dazu. Denn der Schmerz, den er dadurch erzeugte, gefiel ihm viel besser.

Sein Blick verfinsterte sich mehr und mehr, mit meiner Aussage, dass es für mich keine Rückkehr gebe, hatte er wohl nicht gerechnet. Ich meinem Kopf pochte es, ich hatte hier nichts mehr verloren. Ich schnappte meine Jacke, drängte mich an ihm vorbei und schon stand ich bei der Haustüre. Er folgte mir Gott sei Dank nicht. Ich drehte mir kurz um, und konnte mir nicht verkneifen, ihm zu sagen, wie scheiße ich sein Verhalten finden würde. Aus meiner Jackentasche zog ich sein Geschenk, seinen Haustürschlüssel, den ich ihm auf das Fensterbrett knallte. Und schon war ich bei der Türe draußen.

Als ich im Auto saß, war ich einerseits natürlich froh, dass es zu keinen Handgreiflichkeiten gekommen war und dass ich unbeschadet davonkam, auf der anderen Seite hatte ich eine immense Wut in mir.

Auf ihn, aber auch auf mich. Ich war ihm wieder in die Falle gegangen. Äußerlich waren wir zwar getrennt, aber innerlich lief das Programm noch weiter, soviel stand fest.

Er ließ mich doch glatt in einer kalten Nebelnacht durch die Gegend fahren um dann unverrichteter Dinge wieder den Heimweg antreten zu müssen. Er hatte wahrscheinlich schon im Vorfeld nicht im Traume daran gedacht, mir meine Sachen zu geben. Dieser Vorwand war nur sein Lockmittel, mehr nicht. Was für ein abtrünniger und gehässiger Mensch er nur war!

Dieser Besuch hatte wohl nur ein Gutes. Er wusste jetzt, woran er war. Es gab kein Zurück mehr, es gab keine Beziehung mehr mit mir. Aber das hätte ich ihm auch per Mail oder in einem Telefonat mitteilen können, dafür hätte ich nicht zu ihm fahren müssen. Zumal es im Nachhinein betrachtet sehr unüberlegt und gefährlich war.

Während der ganzen Fahrt war ich sehr aufgewühlt und musste dieses Treffen verarbeiten und reflektieren. Es zeigte mir, wie sehr ich noch in diesem Sumpf steckte. Ich konnte mich zwar aus dem Spinnennetz befreien, aber in meinem Kopf war ich noch von seinen Vorgaben und Tyranneien infiltriert. Ich musste in Zukunft vorsichtiger sein, und in dieses Haus würde ich nie wieder einen Fuß setzen. Er wollte mir nichts Gutes, er wollte mir nie etwas Gutes und dies würde auch in Zukunft so sein, da könnte er mir noch so viel erzählen oder versprechen.

Schon nach ein paar Tagen rief er mich an, er wollte so schnell wie möglich die Scheidung. Wahrscheinlich um schnell für wen anderes frei zu sein, ihm fehlte seine Quelle, sprich ein Opfer, dass er anzapfen konnte. Wenn ich dies nicht mehr sein würde, dass müsste eben Ersatz her.

Für mich war das natürlich eine gute Nachricht, auch ich wollte so schnell wie möglich die Scheidung. Ich fragte ihn am Telefon, was das vor ein paar Tagen für eine beschissene Aktion gewesen wäre? Es interessierte ihn nicht mehr, letztendlich lag die Antwort auf der Hand, wir wollten uns um einen schnellen Scheidungstermin vor Gericht kümmern.

Was hatte ich ihm im Haus alles überlassen, viele Dinge, die mir meine Mutter bezahlt hatte, Dinge, die mir gehörten, nein, er musste sogar Dinge, die einen rein ideellen Wert für mich hatten, für sich behalten.

Sollte er an ihnen ersticken, meine Freiheit war unbezahlbar.

Währenddessen plante ich meinen Umzug ins benachbarte Ausland. Ich machte mich auf Jobsuche in meiner Wunschstadt, es gab viel für mich zu tun.

Letztendlich ging alles sehr schnell, im Januar endete mein Zeitvertrag bei meinem Arbeitgeber, ich kündigte zum Januar meine kleine Wohnung und startete im Januar bei meinem neuen Arbeitgeber in Deutschland, kurz zuvor hatte ich aber ebenso in diesem Januar noch meine Scheidung. Sie war kurz und unkompliziert, aus zwei Gründen. Wir hatten keine Kinder und ich verzichtete auf alles. Meine Mutter kochte vor Wut. Wie konnte ich nur so dumm sein, ihm sämtliche Sachen zu überlassen. Sie hatte natürlich recht, aber sollte ich mich mit ihm auf einen Kampf einlassen? Nichts anderes wäre es geworden, wenn er nicht einmal imstande war, mir ein Bild auszuhändigen, wie wäre erst mit dem Rest geworden?

Für Außenstehende war es natürlich unverständlich, und ich hätte die Dinge wirklich gut gebrauchen können. Aber ich wollte nichts mehr mit ihm zu tun haben, ich wollte einfach nur meine Ruhe haben und mir ein neues Leben aufbauen.

Die neue Großstadt tat mir gut, natürlich war vieles ungewohnt, schließlich kam ich vom Lande. Aber dieser Trubel, mein neuer Job, meine neuen Arbeitskollegen, meine komplett neue Wohnumgebung taten meiner geschundenen Seele sehr gut. Hin und wieder meldete ER sich am Telefon, ich wusste nicht warum, meist waren es nur Belanglosigkeiten. Einmal hatte er die Idee, nachdem ich nun in Deutschland wohnte, dass ich ihn in meiner Stadt anmelden solle mit einem Wohnsitz, damit er an verschiedene Dinge kommen könne, die er in Österreich nicht erhalten konnte. Was dachte er sich bloß? Natürlich verneinte ich, ich sollte wieder einmal für ihn herhalten, vielleicht wäre ich ja doch noch zu etwas gut? Der Kontakt wurde Gott sei Dank immer weniger und die letzte Information, die ich erhielt, war, dass er wen Neues hatte. Und somit war ich endlich aus dem Fokus.

Äußerlich waren alle Schritte getan, um mich komplett von ihm loszulösen, dafür hatte ich gesorgt.

In meinem Inneren war natürlich einiges zerbrochen, da konnten auch mein Umzug und mein neues Umfeld nichts daran ändern. Den Rucksack des Lebens nimmt man stets mit, er ist mit dir verhaftet und lässt sich durch keine äußeren Umstände abstreifen. Im ersten Jahr nach der Trennung ging es mir psychisch sehr gut, ich tauchte mit all meinen Sinnen ein in mein neues Leben, ich lernte viele neue Menschen kennen, ich probierte viele neue Dinge aus. Es war in vielen Bereichen so, als wäre ich neugeboren.

Vom Regen in die Traufe

Vom Gewalttäter zum Gefühlstäter

Nach einigen Monaten schon lernte ich wen Neues kennen. Aus heutiger Sicht betrachtet könnte man sagen, ich kam vom Regen in die Traufe. Diese Beziehung möchte ich miteinbeziehen, da dem Leser gezeigt werden soll, dass eine Trennung von einer psychopathischen Struktur nicht gleichsam bedeutet, dass alle Infiltrationen im gleichen Moment somit gelöscht sind. Man meint leider nur, dass man ein neuer Mensch wäre, nur weil man im Außen alles geändert hat. Es ist sehr trügerisch und es ist große Vorsicht geboten.

Das Beste wäre natürlich gewesen, direkt nach dieser Trennung psychologisch betreut zu werden, um die Brisanz und Gefährlichkeit der Auswirkungen auf mein weiteres Leben zu kennen und sie zu bearbeiten.

Als unbedarfter, unwissender Mensch meint man, mit einer Trennung wäre alles geregelt und gleichzeitig gelöst. Das Grundübel ist beseitigt und somit auch sämtliche Verletzungen. Dem ist leider überhaupt nicht so.

Im Grunde verlässt man eine solche Beziehung zum größten Teil zerstört, ja, du funktionierst, du erledigst deine Dinge, von außen betrachtet, könnte man meinen, dass nun endlich alles gut wäre.

Aber der Schein täuschte. Ich war zwar sensibilisiert was die Übergriffe von meinem Exmann betraf, sie waren harsch und ungeschönt, Drohungen und Beleidigungen wurden direkt ausgesprochen und ebenso umgesetzt.

Bei meiner nächsten Beziehung war es aber so, dass dieser Mensch auf den ersten Eindruck sehr elegant wirkte, kein Schläger oder Psychopath. Nein, ganz das Gegenteil schien der Fall zu sein. Hier war ein gänzlich anderer Mensch. Niemals mehr sollte mir solch ein Unheil angetan werden, so war mein unbedingter Wunsch und mein Vorhaben. Ich meinte eine gute Wahl getroffen zu haben. Was unterschied er sich nur von seinem Vorgänger, und was tappte ich nur in die nächste Falle.

Ein Mensch, der seine eigenen Abgründe sehr elegant kaschieren kann und mit gutem Benehmen, einem seriösem Auftreten und einer gewissen Eloquenz in Erscheinung tritt, ist in vielen Bereich nicht viel besser, als eine psychopathische Struktur. Ich war in meiner nächsten Beziehung einem egozentrischem Narzissten mit psychopathischen Anteilen aufgesessen. Nein, ein Schläger war er nicht, dafür war er viel zu fein, er wartete schon nach kurzer Beziehungsdauer mit ständiger Kritik an mir auf, er benahm sich herablassend, er ließ mich oft im Stich, stand nicht hinter mir, im Nachhinein stellten sich viele Lügen heraus, er betrog und belog mich.

All das war sehr gut verpackt in einem Menschen, der sehr gebildet und belesen war, der wusste wie man sich vor anderen zu benehmen wusste. Ein dumpfes, komisches Bauchgefühl stellte sich zwar schon nach kurzer Zeit ein, aber ich war so derart anlehnungsbedürftig und seelisch ausgeblutet, dass ich eine Trennung nicht zustande brachte. Zumal ich seine Misshandlungen meinerseits nicht direkt als diese wahrnahm.

Aus heutiger Sicht war ich natürlich ein verlorenes Wesen. Ich war nicht ich. Ich war Niemand. Ich hatte die letzten Monate schlichtweg nur um mein Leben gekämpft, ich war aber deshalb von heute auf morgen kein neuer Mensch geworden. Ich war auf vielen Ebenen zerstört, gekommen war ich aus einem Elternhaus, das viele Dinge wichtig fand, aber niemals aus mir einen starken und selbstbewussten Menschen zu machen.

Aus dieser Position heraus geriet ich schon in sehr jungen Jahren an meinen Peiniger, der mir den letzten Rest an Selbstachtung und Selbstschutz herausprügelte bzw. mich auf psychischer Ebene zehn Jahre lang fertig und klein machte. Und vor solch einem Hintergrund kannst du nicht auf dich aufpassen. Du kennst deinen Wert nicht, du lässt dir sehr schnell ein X für ein U verkaufen. Du bist anlehnungsbedürftig, manipulierbar, du lässt dir sehr schnell vorschreiben, wie du dein Leben zu leben hast, wie du zu denken und nicht zu denken hast. Man ist sehr unsicher und es fehlt einem der innere Halt.

In dieser Ausgangslage sollte man sich nicht den nächsten Partner suchen, auch wenn man meint, nur hier würde man die nötige Stütze finden. Aber was wusste ich schon. Ich tappte also in meine nächste Falle. Ja, ich wurde körperlich verschont, aber der Psychoterror ging geradewegs weiter.

Diese zweite Beziehung soll nur einen kleinen Raum in diesem Buch einnehmen. Es soll Betroffenen nur zeigen, dass ein Mensch, der es schafft aus einer derart destruktiven Beziehung zu entfliehen, seine nächste Zeit damit verbringen sollte, sich selbst wieder auf die Reihe zu bringen. Es ist ein langjähriges, schwieriges Unterfangen, denn bevor man nicht ein selbständig denkender, selbstbewusster, sich selbst schützender Mensch geworden ist, sollte man keine neue Beziehung anfangen, das Scheitern bzw. eine Fortsetzung des Erlebten ist hier vorprogrammiert.

Sehr schnell befindet man sich wieder in der wohlbekannten Opferrolle.

Ich geriet an einen passiv aggressiven Menschen, einem sogenannten Gefühlstäter. Passiv aggressive Menschen sind nicht minder gefährlich.

Körperliche Gewalt ist eindeutig, man sieht die Folgen sofort und ohne Zweifel. Psychische Gewalt ist eine heimtückische Sache. Niemand sieht die Verletzungen, sie werden verdeckt ausgeübt. Man erkennt als Partner nicht sofort, dass man Opfer einer häuslichen Gewalt ist. Wobei ich hier mit diesem Begriff aufräumen muss, nicht ein Haus ist hier gewalttätig, sondern ein Mensch, und zwar genau derjenigen, der einem am nächsten steht und dem man am meisten vertrauen können sollte. Der Begriff häusliche Gewalt suggeriert den nicht betroffenen Menschen, als ob nicht wirklich Angriffe eines Partners dahinter stecken könnten.

Meist dauert es Jahre, bis die Betroffenen begreifen, dass ein Großteil ihres Leidens durch das feindselige Verhalten des Menschen verursacht wird, der vorgibt, sie zu lieben.

Psychische Gewalt ist ein heimtückischer Angriff auf das Denken, die Psyche, die Wahrnehmung und das Sein des Opfers. Du wirst sozusagen von innen her nach und nach ausgelöscht, und nachdem du es sehr lange nicht begreifst, was hier mit dir passiert, vergeudest du Jahre über Jahre in einer zerstörerischen Beziehung und mit der Zeit stellen sich nach und nach dubiose Krankheiten ein.

Ein großer Fehler meinerseits war ebenso, meinem neuen Partner von meiner vorhergehenden Beziehung zu erzählen. Jeden Betroffenen kann ich nur dringlich raten sorgfältig auszuwählen, wem man seine Geschichte erzählt. Nicht jeder hat sie verdient. Sehr schnell können sich die Dinge hier ins Gegenteil verkehren und deine Horrorbeziehung wird gegen dich verwendet.

Es gehört zur Strategie des Partners, dem Opfer einzureden, dass er leider nicht anders handeln kann, dass du es so verdienst und dass es nur an dir liegt. Dass nur deinetwegen die Beziehung in Schieflage ist und es auch deine alleinige Verantwortung ist, dafür zu sorgen, dass die Beziehung besser und zufriedenstellender läuft.

Dann und nur dann, könnte er auch anders handeln, vorher nicht. Du treibst ihn lediglich dazu. Und wenn du endlich anders denken und handeln würdest, dann, ja dann hätten wir eine vorbildliche Beziehung.

Nachdem mein zweiter Partner sehr eloquent und deshalb mehr der verbale Typ war, erzählte er mir von Anfang an viele Märchen aus tausend und einer Nacht. Von seinen hohen Ansprüchen an sich selber, was er aber auch von seiner Partnerin verlangen würde. Von seinen hehren Zielen, seiner Brillanz, seinem Wissen, seiner Bildung. Am allerliebsten hörte er sich selber sprechen, denn er war das Abbild von etwas großem Verheißungsvollem. Das meiste war im Nachhinein betrachtet natürlich nur heiße Luft, und genau wie bei seinem Vorgänger bekam ich auch bei ihm schon nach kürzester Zeit zu spüren, wohin hier der Hase zu laufen hatte und wie insuffizient ich in vielen Bereichen leider war.

Im Grunde steckte ich in demselben Schlamassel fest, wo ich Monate zuvor entfliehen konnte. Ich hatte es tatsächlich geschafft, wieder einem Misshandler in die Falle zu tappen. Der einzige Unterschied war, dass ich körperlich verschont wurde. Aber auch das ist nur die halbe Wahrheit, denn für körperliche Krankheiten wird auch hier über die Zeit bestens gesorgt. In dieser Beziehungskonstellation wird verdeckt gequält und manipuliert, und auch nur auf den ersten Blick wirkte diese Beziehung eleganter, da es die physischen Attacken nicht gibt.

Ebenso wie bei meiner ersten Beziehung brauchte ich hier von meinem Partner auch kein Mitgefühl erwarten, sie sind ebenso nicht willens oder fähig dazu. Denn würde er sich auf deinen Schmerz einlassen, sofern dies überhaupt möglich ist, müsste er ja seine Schuld anerkennen. Aber vorher würde es wahrscheinlich Bananen vom Himmel regnen.

Wenn man nun glaubt eine Aussprache könnte helfen, indem man ihn darauf hinweist, wie viel Schmerz er erzeugt oder wie sehr er einen verletzt, dann ist große Vorsicht geboten. In den meisten Fällen geht der Schuss nach hinten los. Egal welchen

Sachverhalt man ihm, egal wie sanft darlegt, man muss damit rechnen, dass er dir für alles die Schuld geben wird. Am Ende ist man selbst die Täterin.

Gerade Aussprachen stiften mehr Verwirrung als Aufklärung. Sein Ziel ist es, die Dinge so darzustellen, als sei man selbst verrückt.

Die Subtilität ist der verheerendste Fakt an solchen Beziehungen. Die Zeitabstände zwischen normalem, teils auch umsorgendem Verhalten und emotionaler Grausamkeit betragen oft viele Wochen. Trotzdem ist jemand, auch wenn er sich ein paar Wochen am Stück weitestgehend normal verhält, nicht besser als ein Partner, der seine Frau alle paar Wochen schlägt.

Die subtilen Formen der emotionalen Gewalt, wie z.B. ständiges Kritisieren, herablassende Bemerkungen, Bevormundung, beleidigende Witze, Lügen oder Schadenfreude werden von den Betroffenen häufig ‚übersehen'. Das liegt meist daran, dass die Partnerin das Verhalten nicht als emotionale Gewalt identifiziert, sondern oft sogar als Teil der Beziehung in Kauf nimmt. Ja, er ist halt so. Und so vergehen viele Jahre größten Kummers und Schmerz, und man kann nicht verifizieren, warum es einem so schlecht geht. Denn egal, wie man sich verhält, egal, wie viele Aussprachen stattfanden, der Zustand wird nicht besser, im Gegenteil der betroffene Partner kommt mehr und mehr an seine psychischen Grenzen.

Außenstehende erleben den Gefühlstäter meist als anständigen, erfolgreichen, sensiblen, und bestenfalls als unauffälligen Menschen.

Gegenüber der Partnerin sind sie jedoch häufig egozentrisch, überkritisch, schadenfroh, zwanghaft und teilweise oft bösartig. Und jetzt kommt ein fataler Schachzug hinzu:

Seine emotionalen Gewaltakte sind häufig durchsetzt mit Beteuerungen seiner Liebe, dass sie ‚das Beste ist, was ihm jemals passiert sei', und dass er endlich anfangen will, sie entsprechend zu behandeln. Und genau dies führt zu weiterer Verwirrung. Sie hofft und hofft, dass, wenn sie nur genug tut, und alles gibt, er endlich aufhören wird, sie zu verletzen, und dass dann wieder seine liebevolle, umsorgende Seite auftaucht. Diese falsche, sich nie erfüllende Hoffnung ist meist der Grund dafür, dass man sich nicht trennen kann.

Mit eines der größten Hindernisse einen Gefühlstäter zu entlarven liegt darin, dass sie i.d.R. hochintelligent und in der Lage sind, ihre missbräuchliche Tat zu verdecken. Oft sind sie belesen und eloquent. Sie wissen, wie sie Menschen und die Sprache verbiegen und manipulieren können.

Ihr Äußeres wirkt gelassen, sie strahlen eine rationale Selbstkontrolle aus, obwohl sie in Wirklichkeit keinerlei Kontrolle über ihren Schmerz und ihren chaotischen Selbsthass besitzen. Und genau aus diesem Grund streben sie danach, andere zu kontrollieren und dazu zu bringen, die Kontrolle zu verlieren.

Hier ein schmackhaftes und gängiges Beispiel:

Ein Gefühlstäter kann dich dazu bringen, auszurasten, um zu beweisen, wie gesund ER ist, und er kann dir implizit (Augenrollen ist hier sehr effektiv) oder auch explizit eine Nachricht wie folgt vermitteln: ‚Siehst du, du rastet schon wieder aus, heulst und schreist. Ich brauche keine professionelle Hilfe. Du brauchst sie!'

Besondere Effektivität erhalten solche Szenen, wenn diese öffentlich stattfinden. Außenstehende sehen nur deine Reaktion, sie sehen nicht die Misshandlung, durch die sie ausgelöst wurde. Und somit hat er wieder erreicht, was er erreichen wollte.

Wenn der Leser sich hier nun fragt, ob es eine Grenze gibt zwischen einer ‚nur' miesen/suboptimalen und einer destruktiven, gewalttätigen Beziehung gibt, dann gibt es hier nur eine Antwort: JA.

Kann man zwischen diesen beiden Beziehungen ganz klar unterscheiden: JA.

Ob eine Beziehung eine Gewaltbeziehung (ob nun körperlich übergriffig und/oder ‚nur' passiv-aggressive Partner) ist, steht von Anfang an fest!

Eine Gewaltbeziehung ist von Anfang an eine Gewaltbeziehung.

Das von Außenstehenden leider sehr oft schnell Daher gesagte: ‚es gehören ja immer zwei dazu' ist, wenn es um Partnerschaftsgewalt geht, komplett falsch.

Die Beziehungsgewalt wird immer mitgebracht.

Sie entsteht nicht von alleine und hängt auch nicht vom Verhalten des Partners ab.

Sie ist von Anfang an bereits vorhanden.

Der Gewalttäter oder Gefühlstäter arbeitet bereits beim Kennenlernen daraufhin in dieser Beziehung ein Machtungleichgewicht herbeizuführen.

Folgende Indizien zeichnen eine Gewaltbeziehung aus (hierbei sind beide Formen gemeint, die genannten Faktoren kommen sowohl beim Gewalttäter als auch beim Gefühlstäter vor):

Ein Misshandler betrachtet seine Partnerin nicht als gleichberechtigte und gleichwertige Person.

Misshandlungsbeziehungen sind geprägt von Macht, Dominanz und Kontrolle. Der Misshandler ist getrieben vom inneren Zwang ‚immer am längeren Hebel zu sitzen'.

Es ist ihm nicht möglich, in einer gleichberechtigten Partnerschaft zu leben, eine gleichberechtigte Frau stellt eine Bedrohung für ihn dar.

Er empfindet die Leistungen und Erfolge seiner Partnerin nicht als Bereicherung, sondern als Bedrohung seiner Position, sie präsentieren sich für ihn als Infragestellung seiner Macht und Kompetenz. Anstelle der erhofften Anerkennung erhältst du Angriffe und Abwertung.

Er ist ein schlechter Verlierer, stellt es aber am Ende so hin, als seist du die schlechte Verliererin.

Wenn du ihm z.b. von eigenen Ideen und neuen Plänen erzählst, macht er diese schlecht und er ‚warnt' dich vor vermeintlichen Auswirkungen, er spielt sie herunter und will nicht, dass du sie umsetzt.

Gewalt ist IMMER feindselig, egal, ob es sich um physische, verbale, emotionale oder psychologische Gewalt handelt. Sie reicht von direkten verbalen oder tätlichen Angriffen bis zu gut verborgener Feindseligkeit, die sich in Form von geschickten Manipulationen äußert.

Und allein die Tatsache, dass dein eigener Partner dir gegenüber tatsächlich feindselig eingestellt sein soll und diese Feindseligkeit auch auslebt, ist sehr schwer zu erkennen, schwer einzusehen und fast unmöglich dies zu verstehen. Schließlich kam man ja in Liebe zusammen.

Ein weiteres Ziel eines Misshandlers ist, den Partner zu schwächen und zu verunsichern, umso mehr Kontrolle erhält er dadurch. Wenn du ihm sagst, dass sein Verhalten dich verletzt, antwortet er mit ‚Du bist zu empfindlich'. Er spielt deinen Schmerz oder deine Ängste runter.

Er erwartet von seiner Partnerin, ihn in alle Entscheidungen mit einzubeziehen (so behält er natürlich die Kontrolle), selber ‚vergisst' er aber, sie von seinen Entscheidungsprozessen in Kenntnis zu setzen.

Wenn ihm eine Diskussion zu unbequem wird, wird sie von ihm geblockt. Er kann das, denn er sitzt ja am längeren Hebel.

Ein weiterer wesentlicher Faktor ist die Geheimhaltung: Sie ist ein Schlüssel seiner Machtausübung und sie erfüllt viele Zwecke:

Sein Image als netter Mann wird nicht gefährdet. Gemeinsame Bekannte werden der Betroffenen (zumindest zunächst) nicht glauben, oft glauben ihr sogar ihre eigenen Freunde und Familienangehörige nicht.

Was ist nun der Ausweg? Kein Mensch möchte so eine Beziehung, fast kein Mensch übersteht eine solche Beziehung. Im ersten Teil habe ich meinen Abgang, meine Flucht erzählt. Es war ein Weg, ein Weg von vielen. Im Folgenden möchte ich noch ein paar wichtige Fakten aufzählen und Lösungswege aufzeigen.

Auswege aus der Tyrannei

Das Schwerste und Langwierigste an einer Trennung von einem Misshandler ist die **Entscheidung ihn zu verlassen.**

Warum ist das so? Wir erinnern uns daran, dass eine Gewaltbeziehung nichts, absolut nichts, mit einer normalen Beziehung zu tun hat. Hier gelten völlig andere Maßstäbe und Regeln.

Die jahrelangen Infiltrationen und Misshandlungen lassen einen Menschen entstehen, der über die Jahre mehr und mehr das Gefühl bekommt, dass er ohne IHN nicht leben kann, ein Gefühl der Abhängigkeit ist entstanden. Kluge, taffe, akkurate, mitten im Leben stehende Frauen stecken fest in einem unheilvollen Abhängigkeitsverhältnis. Ein Außenstehender fragt sich: ‚trotz dieser Gewalt ist jemand abhängig von ihm?' Nein. DURCH die

Gewalt ist jemand abhängig geworden. Tägliche und jahrelange Drohungen und Gewalt bewirken, dass jeglicher Gedanke an Trennung die Betroffenen in einen Zustand panischer Angst versetzt, der klares Denken unmöglich macht.

Spulen wir kurz zurück zum Beginn dieser Partnerschaft und machen uns auf die Spur der Abhängigkeit:

Gewaltbeziehungen beginnen nicht mit Gewalt, sie beginnen mit Liebe. Meist der hyperlativen Hollywood-Liebe. Monate reinster und rauschhafter Glückseligkeit. Volldampf voraus in eine gemeinsame Zukunft die deine kühnsten Träume noch übertrifft. Mit deiner großen Liebe, deinem Traummann. Dr. Jekyll.

Dein gesamtes System wird dabei immer und immer wieder von Endorphinen geflutet. Über Wochen und Monate ein Fix nach dem Anderen. Genauso entwickelt sich auch jede Sucht. Mit dem Unterschied, dass es sich bei dir um körpereigene Glückshormone handelt. Deren Ausschüttung aber nicht aus dir selber heraus folgt, sondern durch den Partner.

Und von da an beginnt sich langsam die Gewaltspirale an zu drehen. Erste Mikroangriffe stehen nun an der Tagesordnung. Während in normalen Beziehungen allmählich ein Beziehungsalltag entsteht, ist bei Gewaltbeziehungen die nächste Phase eingeleitet.

Mikroangriffe deshalb, da sie noch nicht jeden Tag vorkommen und sich in unterschiedlichster Art äußern können. Aber diese Angriffe haben mittel- und langfristig einzig und allein nur ein Ziel: die Schaffung eines Machtungleichgewichts in der Beziehung. Dieses Ungleichgewicht schwächt auf Dauer die Betroffenen und zwar wird meist immer wieder in die gleiche Kerbe gehauen, um den Partner die Stabilität zu rauben, seine Wahrnehmung zu schwächen, ihr Selbstvertrauen zu demontieren und ihr Selbstbild zu zerstören.

Diese Mikroangriffe sind gezielte Akte psychischer Gewalt. Sie sind perfide und hinterhältig. Obwohl nun aber absichtlich eine schwächende Verletzung zugefügt wurde, findet das so statt, dass das ‚Verletzt-Sein' keine Würdigung und auch keine Heilung erfährt. Es wird dir nicht nur dein ‚Verletzt-Sein' abgesprochen, nein, sollte da irgendwie eine Verantwortung zu übernehmen sein, dann gehört die ganz klar zu dir.

Aber defacto BIST du aber verletzt und erschüttert. Deine Beziehungssicherheit wurde erschüttert. Mit direkter Auswirkung auf dein Wohlbefinden, die vergangenen Wochen und Monate strahlenden Liebesglücks bewirkten, dass es dir ganz besonders gut ging, und nun ist etwas passiert, dass mit dieser wunderbaren Beziehung nicht mehr vereinbar ist.

Die Verletzungen werden allesamt nicht geheilt und sie summieren sich auf. Du möchtest den alten Zustand wieder herbeizaubern und entwickelst Verlustangst. Und die Abhängigkeitsfalle baut sich schön langsam auf. Jeder Mikroangriff stärkt seine Person und deine wird nach und nach geschwächt.

Diese Abhängigkeit ist nur ein Punkt von vielen. Weitere Gründe können sein:

- Fehlendes Wissen über psychische Gewalt – sie wird nicht erkannt. Genauso erging es mir, du weißt im tiefen Inneren, dass hier etwas gewaltig nicht stimmt, gerade Gefühlstäter arbeiten verdeckt und clever. Sie manipulieren dich auf perfideste Weise, während du noch an die große Liebe glaubst und um diese Beziehung kämpfst.

- Drohungen des Misshandlers: meist von Gewalttätern gerne hervorgebracht wie: Suiziddrohungen des Partners, erweiterter Suizid im Falle einer Trennung

- ‚Dir glaubt sowieso niemand, du bist psychisch krank'

- Kinder, den Kindern nicht den Vater nehmen wollen

- Angst, die Kinder zu verlieren

- Finanzielle Abhängigkeit

- Gemeinsamer Besitz

- Emotionale Abhängigkeit vom Misshandler

- Hoffnung, dass ER sich bessert: ‚Ich kann ihn durch meine Liebe retten‘

Das Thema Trennung ist im speziellen Falle eines Gewalttäters eine sehr heikle und langwierige Angelegenheit. Trennung bedeutet für einen Gewalttäter eine ausgesprochene Kriegserklärung. In dem Moment, wo der Partner eine Trennung ausspricht, deklariert er gleichbedeutend, dass er seine Herrschaft und Macht über ihn nicht mehr akzeptiert. Und hier ist sehr große Vorsicht geboten!

ACHTUNG: Während der Trennungsphase steigt das Risiko von körperlicher Gewalt um das Vierfache!

Eine Trennung von einem Gewalttäter muss verdeckt und unbemerkt gut vorbereitet werden, und IHN erst in Kenntnis setzen, wenn der trennungswillige Partner und evtl. Kinder in Sicherheit sind!

Von außen betrachtet ist es ein Leichtes zu sagen: ‚Ja, dann trenn‘ dich doch‘. Eine Trennung ist niemals nie ein Spaziergang, und im speziellen Fall einer Gewaltbeziehung, ist es ein sehr langer Prozess und hier gibt es auch leider keine Abkürzung.

Selbst die beste Freundin kann hier nichts bewirken. Ein Rat für Menschen, die Betroffene kennen:

Niemals zu etwas zwingen, keine Vorwürfe machen, keine Anschuldigungen, nicht drängen, unterstützend sich im Hintergrund verhalten, wenn die Betroffene zu einem Schritt bereit ist, hier als Hilfe bereitstehen, mehr kann man leider nicht tun und v.a. ganz wichtig: dem Betroffenen vermitteln, dass man im Notfall (Tag und Nacht) für sie da ist.

Alles anderen muss im Innersten einer misshandelten Frau entstehen. Wenn im Inneren einer Betroffenen noch keine Bereitschaft und der wirkliche und wahrhaftige Wille zur Trennung vorhanden sind, dann braucht es eben noch seine Zeit. Im Nachhinein muss ich sagen, dass es weder das Umfeld leicht hat noch die Betroffene selber. Man kann eine gewalttätige Beziehung NICHT mit einer normalen Beziehung vergleichen. Alle Ratschläge, die bei einer normalen Beziehung vielleicht wirklich helfen können, finden hier keinen Platz.

Verhalten nach der Trennung

- Erwäge besser keine Freundschaft mit ihm. Glaube auch bitte nicht, dass ER sich in einigen Jahren vielleicht gebessert hat. Das Einzige, was er vielleicht über die Jahre verfeinert, sind seine Manipulationstaktiken.

- Versuche niemals nie deine Nachfolgerin vor ihm zu warnen, auch wenn die Versuchung groß ist.

- Wenn Du keine Kinder hast, brich den Kontakt völlig ab.

- Erstelle dir eine Liste über deine erlittenen Misshandlungen, damit du eventuell in schwachen Momenten gewappnet bist.

Mache eine Liste über das, was durch die Trennung in deinem Leben besser geworden ist.

- Bleibe nach einer Trennung ausreichend lange Zeit Single! Kümmere dich um deine Seelenheilung auf verschiedenste Weise.

- Reflektiere deine Beziehung, ohne dich anzuklagen.

- Solltest du noch Eigentum von ihm in deinem Besitz haben oder umgekehrt, sorge dafür, dass er/du alles zurückerhält(st) OHNE persönliche Übergabe.

- Lies einschlägige Bücher über Misshandlungsbeziehungen, je mehr Wissen und Information du hast, desto besser.

- Warte auf keine Einsicht, Zugeben der Misshandlungen oder Reue deines Ex. Er muss es nicht zugeben, du solltest ab jetzt deiner eigenen Wahrnehmung trauen und glauben, dass du misshandelt wurdest.

- Gehe davon aus, dass er dich bei alten Freunden schlecht machen wird, dass er niemals zugeben wird, dass die Beziehung aufgrund seiner Gewalt scheiterte, sondern vielmehr versuchen, dir für alles die Schuld zu geben.

- Stelle dich darauf ein, dass du viele ‚Freunde' verlieren wirst. Versuche nicht mit Gewalt, diese Kontakte aus seinem Umfeld aufrechtzuerhalten.

- Keine Information über ihn, ist die beste Information. Versuche nicht über das Internet heraus zu finden, was und wo er gerade etwas macht. Je weniger du dich mit ihm beschäftigst, umso besser. DU solltest von jetzt an in deinem vollen Fokus stehen.

- Informiere dein gesamtes Umfeld über die Trennung. Halte dich nicht zurück, offen und ehrlich den Trennungsgrund zu nennen.

- Nachdem du einige alte Freunde verlieren wirst, bemühe dich um neue Kontakte und neue Hobbys. Reaktiviere ggf. alte Bekannte und Freunde, die du während der Beziehung nicht treffen durftest.

- Besorge dir eine neue Telefonnummer, eine neue email-Adresse, aktiviere eine automatische Löschung seiner eingehenden Mails.

- Lasse dich von ihm nicht ködern und falle auf keine Liebesbeschwörungen oder Suiziddrohungen herein. Sei dir bewusst, dass nach einer Trennung von einem Misshandler zunächst ein klaffendes Loch in deinem Leben herrscht. Es ist zu einem großen Teil dem Selbstverlust geschuldet, man verliert den Kontakt zu sich selbst. Deshalb konzentriere dich nach einer Trennung ausschließlich auf deine Heilung, auf dich selbst.

- Sei dir bewusst, dass eine Verarbeitung einer Misshandlungsbeziehung schmerzvoller und wesentlich anstrengender ist als bei normalen Beziehungen, und sie dauert weitaus länger.

Nachwort

Das Nachwort soll sich an Betroffene ebenso richten, wie an Interessierte. Denn es ist nun mal so, dass irgendwo jeder irgendwen kennt, der zumindest jemanden in Verdacht hat, dass in dessen Beziehung einiges nicht stimmt. Hier empfehle ich, nicht betroffen wegzuschauen, sondern hinzuschauen. Ohne zu Drängen und ohne Anklagen. In erster Linie wollen Betroffene ihre Beziehung und ihr damit einhergehendes Leid unter einem Deckmantel halten. Die Scham ist einfach viel zu groß. Ist die Beziehung jedoch schon weit fortgeschritten, kann es sein, dass man durch verschiedene Hinweise oder fallengelassene Bemerkungen hellhörig werden sollte. Sei ein guter Freund, der zu verstehen gibt, dass man auf ihn zählen kann, wenn es vonnöten ist.

Ein untrügliches Merkmal ist die große Einsamkeit in solchen Beziehungsgeflechten. Man wird über die Jahre der einsamste Mensch. Es ist kein Thema, mit dem man hausieren geht. Aber wenn der Leidensdruck schon sehr groß geworden ist, wünscht man sich mehr und mehr, dass endlich die Wahrheit ans Licht kommt. Der Druck erhöht sich über die Jahre und man lässt mehr und mehr den einen oder anderen Satz fallen, in der unbewussten Hoffnung, jemand fragt einmal nach, was hier vor sich geht.

Ich habe insgesamt mehr als 20 Jahre mit Gewalt- und Gefühlstätern mein Leben verbracht. Aus irgendeinem Grund sollte das so sein. Man ist und bleibt auf eine Art gezeichnet fürs Leben, ganz kann man diese Erfahrungen nicht mehr abschütteln. Es ist viel Arbeit angesagt und Selbstreflexion. Aber es gibt einen Ausweg, man kann es schaffen, und erst wenn man einen normalen Partner an seiner Seite hat, erkennt man mehr und mehr die Destruktivität der vorhergegangenen Beziehungen, und das ist die frohe Botschaft. Kein Mensch hat einen Gewalttäter verdient! Ein wesentliches Element darf man bei einer Gewaltbeziehung nie vergessen:

SIE brauchen uns, wir brauchen SIE nicht!

MIX

Papier | Fördert
gute Waldnutzung

FSC® C083411

Zeitfracht Medien GmbH
Ferdinand-Jühlke-Straße 7
99095 Erfurt, Deutschland
produktsicherheit@kolibri360.de